中公新書 1771

藤沢道郎著

物語 イタリアの歴史 II

皇帝ハドリアヌスから画家カラヴァッジョまで

中央公論新社刊

物語　イタリアの歴史II　目次

スイス
オーストリア
ハンガリー
トレンティーノ＝
アルト・アディジェ州
ヴァレ・
ダオスタ州
アオスタ
トレント
フリウーリ＝
ヴェネツィア・ジュリア州
ミラノ
トリーノ
ヴェネト州
トリエステ
ロンバルディーア州
ヴェネツィア
ピエモンテ州
エミリア＝
ロマーニャ州
ジェノヴァ
リグリア州
ボローニャ
ユーゴスラヴィア
サン・マリーノ
フィレンツェ
リ グ リ ア 海
アンコーナ
トスカーナ州
マルケ州
ペルージア
ウンブリア州
エルバ島
コルス
(コルシカ)
アクイラ
ラツィオ州
アブルッツィ州
ア
ド
リ
ア
海
ローマ
モリーゼ州
カンポバッソ
カンパーニア州
バーリ
ナポリ
プリア州
サルデーニャ州
ポテンツァ
バジリカータ州
カリアリ
テ ィ レ ニ ア 海
カラブリア州
地
カタンザーロ
中
パレルモ
シチリア州
海
イ オ ニ ア 海
チュニジア

物語 イタリアの歴史II

第一話　皇帝ハドリアヌスの物語

聖天使城へ

ローマを訪れてカステル・サンタンジェロを見なかった人はまずあるまい。日本語の案内書には「聖天使城」と訳されていることが多いが、そんな名前は知らなくても、ナヴォーナ広場を北へ抜けてテーヴェレの河畔に出た時、対岸左手に見える巨大な風呂桶《ふろおけ》のような円いお城と言われれば、きっと思い出す。直径六四メートルの大円筒がどっしりとテーヴェレ河岸に腰を据えている姿は、忘れられない印象を旅人の脳裡《のうり》に刻みつけているはずである。

長い間この城は、ローマ教皇の最後の砦《とりで》であった。カノッサの屈辱で名高い教皇グレゴリウス七世は、ドイツ皇帝にローマを制圧されてもこの城にこもって抵抗すること四年、ついに屈服しなかったし、下って十六世紀、酸鼻を極めたローマ劫掠《ごうりゃく》の嵐を、教皇クレメンス七世はこの城に逃げ込んでようやくしのいだ。難攻不落の名城だったのである。

また長い間この城は、政治犯や異端者を収容する監獄としても使われ、イタリア史上の多くの著名人がここで審問を受け、拷問に耐え、時には処刑もされた。哲学者ブルーノも、魔人カリオストロ伯もその獄房に呻吟《しんぎん》したのである。そう言えば、歌劇『トスカ』の最終場面、ヒロインが絶望して身を投げるのも、この城壁の上からであった。ただし『トスカ』の話は

カステル・サンタンジェロ　手前を流れるのがテーヴェレ川

完全なフィクションである。

夏目漱石はその初期の短編の中でこう言っている。

倫敦塔《ロンドン》の歴史は英国の歴史を煎《せん》じ詰めたものである。（中略）人の血、人の肉、人の罪が結晶して馬、車、汽車の中に取り残されたるは倫敦塔である。

倫敦塔を聖天使城《カステル・サンタンジェロ》に、英国を羅馬《ローマ》に替えれば、この言葉はここにもぴったり当てはまる。ローマの歴史はロンドンの歴史よりはるかに古いが、血の匂《にお》い、罪の匂いの漂っている感じは同じである。どちらの建物も川向こうの冥界《めいかい》を、つまり「死」を感じさせる。

だがいったいこの城は、いつからそこにあったのか。この無気味な石造の幾何学的立体を、構築したのは誰なのか。ここで我々は、はるかに時間を遡《さかのぼ》らねばならぬ。紀元二世紀、日本の歴史では女王卑弥呼《ひみこ》が邪馬台国《やまたいこく》を統治していた頃、西洋は古代ローマ帝国の最盛期である。五賢帝と称せられる名君が次々に即位して、ヨーロッパ、アジア、アフリカの三大陸にまたがる大帝国を支え、史上まれにみる繁栄と安定をもたらしたのが二世紀、その五賢帝の三人目に当たるハドリアヌス帝が、テーヴェレ川の対岸に自分の陵墓を築かせた。それが現在の聖天使城のそもそもの由来である。つまりそれは城塞《じょうさい》でも獄舎でもなく、古代の帝王の霊廟《れいびょう》だったのである。

もちろん、最初の形のままで現在に至っているわけではない。霊廟が城塞に変わっていく過程で、さまざまに手が加えられ、古代の彫像は取りのけられてキリスト教の聖者像や天使像に替わり、地下の霊安室に置かれていたはずのハドリアヌス以下歴代皇帝の柩《ひつぎ》は消失し、円錐《えんすい》形の土盛りは剝《は》ぎ取られて内部構造が露出し、そこに各種の戦闘用の設備が付加されて現在の形になっているので、もとの形は推定に拠《よ》るほかない。しかし、想像の中で、現在四層の巨大な円筒の上二層を撤去し、残る平べったい円筒の上に、頂上の彫像を頂点とする円錐を置いてみる。そしてその円錐の表面を灌木《かんぼく》の植え込みの緑で覆い、頂上の天使像を皇帝ハドリアヌスの青銅像に替えれば、紀元二世紀当時の偉容が、おのずから浮かび上がってくるではないか。大地にへばりついたような現在の城塞は、高く天空を指す尖《とが》った山と化し、仰ぎ見ればその頂上に、偉大な古代の皇帝が太陽神となって、四頭立ての馬車を駆り、夢みるようなローマの青空を背景に、悠々と天駆けりゆく……。

ローマ帝国の黄金世紀

この霊廟の建物設計に当たって、皇帝ハドリアヌスが深く関与したことは確実だ。彼自身優れた建築家でもあったからである。ウェヌス神殿の構想にけちをつけられ、怒ってその建築家を殺し、自分で設計図を引いて竣工《しゅんこう》させた、という話が伝わっている。殺された建築家というのが古代最高の名匠と謳《うた》われたアポロドロスだから、この話、そう簡単には信じられないが、ハドリアヌス帝が建築の専門知識を持ち、その能力に絶大な自信を持っていたということの証明にはなる。

それに、彼が能力を発揮した分野は、ただ建築だけではない。哲学に造詣《ぞうけい》深く、哲学者を集めて自分もその討議に参加し、しばしば相手をやりこめたし、天文学にも深くはまり込んでいた。自分でも絵を描き、美術鑑識眼も確かだったことは、ティヴォリ近郊の離宮に集めた彫刻の収集が名品揃いであったことからもわかる。詩を書き、文法書を編み、楽器を奏し、歌も歌った。こんなふうに芸術や学問に凝るタイプの君主は、ネロや宋《そう》の徽宗《きそう》皇帝、我が国

皇帝ハドリアヌスの胸像
（ルーヴル美術館蔵）

の後鳥羽《ごとば》院を引き合いに出すまでもなく、政治や行政の能力には欠陥があり、それゆえに君主としては失格の烙印《らくいん》を押されて終わるのが通例であるが、ハドリアヌスはそのまれな例外の一人であって、的確な状況判断、決断と実行、人事や財政における絶妙のバランス感覚、世評を恐れず最適の手段を取る信念の強さ、目的を達するために迂路《うろ》や妥協を辞さない柔軟さ、隅々に目を配りながら大局を見失わない視野の広さ、そのどれを取ってもこの皇帝は、世界史上最高レベルの政治家の一人と言うことができる。治世二十年、ハドリアヌスの大胆かつ細心の指導のもとに、ローマ帝国はほぼ完璧《かんぺき》に近い行政機構をその広大な版図に確立し、その基盤の上に平和と繁栄を享受し、黄金世紀を謳歌《おうか》したのであった。

　これだけの業績を果たし、人民の尊崇を一身に浴びていたこの皇帝の晩年は、さぞかし満足感に満ちた幸福なものだったろうと、誰しも思う。だが実はそうではなかったのである。彼は生きることに倦《う》み疲れ、自分の成し遂げた事業に価値を見出せず、ひたすら死を考えていたという。現代の歴史家モンタネッリは、ハドリアヌスの晩年を叙してこう書いている。

ハドリアヌスは死ぬことばかり考えていた。テーヴェレ河の対岸に場所を定めて陵墓を作ったが、この巨大な陵墓は現在聖天使城と呼ばれている。自分の墓を作り終えた頃、ストア哲学者エウフラテスがやって来て、自殺を希望し許可を求めた。皇帝は自殺を許可し、人生の無益さについて語り合った。エウフラテスが毒薬を飲み干すのを見た皇帝は、わしにも毒杯を持って来いと叫んだが、誰も持っていかない。侍医に命じると進退きわまって自殺してしまう。そこでお付きの者に、わしに剣をよこせ、さもなければ剣でわしを刺してくれと懇願したが、仰天して逃亡してしまった。「ああ、わしほど不幸な者があろうか」と絶望した皇帝は叫んだ。「死にたいという者に死なせてやる権限を持つこのわしが、自分自身を死なせてやることができないなんて」……偉大な皇帝だっただけではない。古今東西の歴史を通じて最も複雑で無気味で魅力的な人物の一人だった。ハドリアヌスはおそらく古代世界で最も近代的な人間だった。

皇帝襲位の経緯

プブリウス・アエリウス・ハドリアヌス、紀元七六年スペインに生まれる。先帝トラヤヌスは同郷、父が皇帝の従兄弟《いとこ》に当たるので、ハドリアヌスの出世は順調だった。若くして要職に抜擢《ばってき》され、数次の戦役にも将軍として従事、数々の功績を挙げた。現在ルーヴル美術館にある胸像を見ると、額広く眼光鋭く口元引き締まり、がっちりした体格、高貴な知性に溢《あふ》れながら柔弱なところのない、堂々たる好男子である。ギリシャ彫刻と違ってローマの彫刻はリアリズムだから、皇帝像だからといって美化したりはしない。陽気で快活で、順風満帆の経歴に加えて眉目秀麗《びもくしゅうれい》と来れば、暗い青年時代であったはずがない。友人も愛人も数多かったようである。恋を楽しみ、美食を好んだが、強力な知性と意志は、欲望に溺《おぼ》れることを許さなかった。皇帝トラヤヌスはこの青年を愛し、姪《めい》のサビーナとめあわせ、帝位継承者としての資格を与えた。サビーナは清楚《せいそ》な美女だったが、どういうわけか彼はこの妻を愛することができなかったようで、夫婦仲は冷たく、子供も産まれなかった。しかし、当時のローマの、フリー・セックスに近い性風俗の中で、ハドリアヌスがそれで陰鬱《いんうつ》になることはなかった。結婚後も、妻以外の美女や美少年との関係を続けていたし、二世紀のローマでは、それは決して醜聞ではなかったのである。だが、その相手が皇妃プロティーナだということになれば、事情は少々変わってくる。大恩ある先輩の妻であり、しかも義理の間とはいえプロティーナはハドリアヌスの伯母に当たる。うまく振る舞って決して尻尾《しっぽ》はつかませなかったものの、人の口に戸は立てられず、二人の関係はスキャンダルめいた噂《うわさ》となって流れ始めた。

理性の人のはずが、ついに恋に溺れて破滅の危険を冒すのか。いや、この冒険の背後にはある冷徹な計算が働いていたのだ。

世界史の教科書にはたいてい古代ローマ帝国の版図を表す歴史地図が載っていて、「最大版図は紀元二世紀トラヤヌス帝の時」と注記されている。つまり、トラヤヌスはローマの領土を最大限に拡張した皇帝なのであり、数次にわたる外征によって、中近東の奥深くまで押し出し、インド洋の手前まで支配圏を広げたのである。その征旅の陣中で病魔に襲われ、あえなく逝去（一一七年）、時に六十四歳。実子はなく、後継指名も済ませていなかった。皇帝の遺志を証言できるのは皇妃プロティーナのみ。彼女は亡き夫の意中の人としてハドリアヌスを指名した。

トラヤヌスの死の知らせが届いた時ハドリアヌスはローマ軍主力の指揮を任されてシリアにいたが、配下の将兵たちから「インペラトル」とたたえられ、この日が公式の皇帝即位日となった。先帝の同郷の後輩で、近しい親戚《しんせき》でもあり、それまでの経歴を考えても、皇帝候補の中で最有力の地位にいたから、当然の襲位と見なしてもよかろうと思われるが、当時の識者はそう考えなかったようだ。「皇妃が愛人ハドリアヌスを帝位に就けるために画策した」という噂が流れ、多くの人がそれを信じた。事実はそう単純ではなかったのである。

軍の中枢にはハドリアヌスの襲位に対する強い反対勢力があった。トラヤヌス帝の対外拡張政策にハドリアヌスが反対であることを、彼らはよく知っていた。彼が皇帝になれば、帝国の政策は攻勢から防御に転じ、平和路線となれば軍の権威は失墜し、社会の風潮は華美と遊惰《ゆうだ》に流れ、帝国の将来を危うくするであろう。だからハドリアヌスの襲位を阻止しなければならない。こう考える将軍たちが結束して別の候補を推せば、状況は一変する。だから、皇妃の一言はこの上なく貴重だったのである。ハドリアヌスはこうなることを予期して皇妃に近づき、その愛人となった、と明言するのは酷だろうが、即位前後の経緯を見れば、そこに何らかの「画策」があったことは確かなようだ。

ハドリアヌス帝の改革

新帝はただちに政策の大転換に踏み切り、先帝の軍事作戦を即時中止、ダキア人との和平交渉に着手する。戦後処理と、いくつかの属州での反乱をおさめてローマに帰国したのは、帝の死から約一年後のことだった。その留守中、ローマでは軍の最高幹部の四人の将軍が反体制陰謀を企てた嫌疑で逮捕、処刑される。四将軍とも元老院議員を兼ねる貴族であり、数々の軍功を挙げた実力者だったのに、裁判もなく殺されてしまったのだから、ローマの世論は騒然となった。この粛清に皇帝は無関係、万事は元老院の一存で処理したことと発表されたが、誰も信じなかった。帝政ローマのもとで元老院がそんな実力を持っているはずもなし、また元老院議員の身分保障特権を、元老院自身が進んで放棄するというのもおかしなことだ。皇帝の指示なしにそんな粛清が行われるはずがない。だが帰国したハドリアヌス帝は、大規模な減税・免税と救貧事業を打ち出し、将兵に賞与を配り、コロッセオで連日大がかりなイベントを催し、要するに金を湯水のごとく使って黒い噂を流し去り、世論を鎮静させることに成功した。

トラヤヌス帝の死、皇妃プロティーナの決定的な一言、和平政策への転換、軍部反対勢力の粛清、元老院の支持、金力による世論の懐柔。一連の事態の流れは、その背後に十分に計算された「画策」をうかがわせる。表面鎮静した黒い噂も根までは断つことができず、在位期間中くすぶり続け、その栄光に一条の暗い影を落とすが、それも彼の計算には入っていたのであろう。少々のマイナスはあっても、ここで政策を大転換し、戦争から平和へ、対外侵略から内政整備へと重点を移さなければ、帝国百年の計は立たぬ。そのためには自分が帝位に就かねばならず、反対するに決まっている軍部の中枢は粛清しなければならない。その計画を実現するには、多少あくどい手段もやむを得ない。ハドリアヌスはそう考えていたのである。

平和主義と言っても、現代の日本で考えるような、人道的な理想追求から来た戦争忌避ではない。先帝の遺業を高く評価しながらも、これ以上の拡大は有害無益とする政治判断に基づいた路線転換であって、この転換が以後のローマ帝国の歴史を決定づけたと言える。だから、新帝はまず辺境の防備を固め、防衛戦争や内乱の鎮圧にはためらうことなく武力を行使した。ラテン語で「皇帝」に当たる言葉はもともと「軍最高司令官」の意味だが、ハドリアヌス帝は武人の資質に欠けるところなく、戦争の技術にも熟達していた。しばしば陣頭指揮に当たったが、陣中では生活も食事もすべて兵卒と同じくし、馬にも乗らず、兵士と同じ重装備で長路の行軍に耐えたから、和平路線に転換したからといってローマ軍の士気が緩むことはなかった。若い時から頑健な身体をスポーツで鍛え上げていたから筋力は抜群で、狩猟の際にライオンに素手で立ち向かって倒したほどである。兵士たちは、この皇帝が絵を描き、竪琴《たてごと》を奏で、詩を書き、哲学を論ずる人だとは、想像すらできなかったに違いない。軍紀は厳しく、信賞必罰、用兵も巧みだったから、ローマ軍団は不敗の記録を更新し続けた。

こうして歴史的な転換を決定づけた後、ハドリアヌス帝は思い切った「行政改革」に手を付ける。その目的は、皇帝独裁というそれまでの「人治」を、能率的な官僚制度による「法治」に切り替えることである。商人や解放奴隷にも官吏となる道を開いて人材の幅を広げ、職務の分担・権限・責任を明確にし、政策決定の会議を定例化し、すべてを法に従って厳正に執行するのが、この皇帝の狙《ねら》いであった。そうすれば、自分がいちいち細かいところまで指示しなくとも大過なく国政が運営される。だがそれは決して彼が行政の末端にまで目を光らせていなかったということではない。それどころか、歴代皇帝のうちで彼ほど行政の仕事を細部末端まで熟知していた人は、後にも先にも一人もいなかったのである。「ハドリアヌス帝は並外れた記憶力を持ち、また、書くこと、口述すること、人の話を聞くことを同時にやってのけた」とスパルティアヌスは証言している。登用された部局の長たちも、こんな皇帝の監督下では、いい加減な仕事はできなかった。この行政改革は満足すべき成果を収め、ハドリアヌスの育て上げた官僚制は後世の模範となり、裁判は弱者の立場を保護する傾向を強め、税率は据え置きなのに税収は倍加した。それまで乱発されて相互矛盾を来していた法律は整頓され、体系化されて、後の「ローマ法大全」に道を開いた。

地方巡幸の旅

これだけの改革をわずか四年足らずで軌道に乗せた皇帝は、地方巡幸の旅に出た。辺境の防備の確認、行政改革が地方の末端まで行き届いているかどうかの監督、地域格差の是正等々、実務的な目的はいくつもあったが、属州の格上げ、属州民の権利拡大が最大の目的であったことは、結果を見ればわかる。帝国の将来が、「パンとサーカス」に酔いしれて退廃を続けるローマ市民にではなく、家族と勤労を重んずる属州民の肩にかかっていることを、ハドリアヌスはその鋭い知性で洞察していたのである。それに、底知れぬ好奇心の持ち主であったこの皇帝は、三つの大陸にまたがる広大なローマ帝国領内の、種々さまざまの人種の風俗習慣、芸術工芸、信仰や思潮に、個人的な興味を抱いていたようだ。ギリシャ文化に傾倒していたから、その史跡や建築、美術作品も、自分の目で見たかったであろう。こちらの面から見れば、あの精力的な政策転換や行政改革も、自分が安心して旅行に出られるための準備作業だったとも言える。

一二一年、ローマを発《た》ってまずガリア、つまり現在のフランスに向かう。皇帝巡幸というようなにぎにぎしい出で立ちではなく、随員は技術者と専門家だけ、属州の行政や軍事の責任者たちは、思わぬ時に皇帝が現れるので、実状をありのままに見せるしか手がなかった。フランスからドイツへ、さらにイギリスからスペインへと巡幸は続いたが、彼が作り上げた中央の行政組織は堅実に職務を果たし、皇帝が何年も首都を空けていても、どこにも動揺は起こらなかった。ハドリアヌスはそれらの属州で、ここに橋を架けよ、ここに道路を敷けと具体的に指示して実行させ、辺境守備隊を再編し、必要な場所に砦を築かせて守りを固めた。スペイン巡幸ではタラゴーナで刺客に襲われた。ハドリアヌスはなんなく凶器を叩《たた》き落として取り押さえ、精神病者として医者に引き渡し、それ以上は何も追及せず釈放させた。北西アフリカから小アジアへと皇帝の旅は続き、その間に辺境を侵す蛮族と戦い、追い払うことも何度かあった。一二五年秋、ついに念願のギリシャに達し、アテネで楽しい冬を過ごした後、シチリアを経てローマへ帰る。実に五年にわたる長期の巡幸だったが、首都に帰って一年も経たぬうちに、皇帝はまた旅の誘惑にとりつかれた。

一二八年、再びローマを発ち、カルタゴ、ギリシャ、小アジアすなわち現在のトルコ、シリア、アラビア、エルサレムと遍歴を続け、二年後、エジプトに達し、アレクサンドリアからナイル川遡航《そこう》の旅路に就く。皇帝はどの旅行にも必ず皇妃サビーナを伴ったようだが、この旅には妃のほかに、アンティノオスという名の謎《なぞ》の美少年を側近に置いていた。この黒い瞳の十八歳の少年が何者なのか、小アジアのビテュニアで皇帝と知り合ったというほかには、ほとんど何もわかっていない。しかし、アレクサンドリアを出る時の皇帝の様子がいかにも幸福そうだったことは確かである。そしてすぐに舞台は暗転し、ハドリアヌスの性格がこの旅行の中で一変することになる。

アンティノオスの像（デルフォイ美術館蔵）

ナイルの悲劇とその後の絶望

悲劇はナイル川遡航の途中に始まった。美少年アンティノオスが川に転落、溺死《できし》。事件の詳細は何もわかっていない。事故なのか、自殺なのか、それとも誰かに殺されたのか。最愛の人が死ななければ皇帝の大望は成就しないという神託を受けて、少年はみずからナイルの流れに身を投げたのだと、後にローマでは噂された。だが、皇帝の「大望」とはどういうことなのか、そしてまた「最愛の人」とはどういう意味なのか。それが性的関係を意味するとすれば、皇妃が文句も言わず仲良く一緒に旅程をたどっていたのはどういうわけか。

謎だらけのこの事件の中で、はっきりしているのは、ハドリアヌスの異常なまでの悲嘆ぶりだけだ。「弱々しい女のように泣き崩れた」とディオン・カシウスは記している。皇帝はナイルの岸辺に神殿を建て、そこにアンティノオスを神として祀《まつ》り、その上その周囲に一つの町を建設して、アンティノオポリスと名付けた。こうして謎の美少年は神となり、その姿は数々の彫像となって残り、毎年晩秋の一日は記念の祝祭が催された。これだけ念入りに弔っても、皇帝の心から悲しみは消えず、一三一年、ローマに帰ってきたハドリアヌスは、旅立った日とは違う人間になっていた。

皇帝の巡幸は大きな成果を上げていた。ローマの文明は、今やイタリアだけでなく、地中海全域に広く深く浸透していた。それまで植民地のように扱われてきたヨーロッパ、アフリカ、アジアの属州は、ハドリアヌスの周到な政策によって地位を向上させ、中央政府の監督は、イタリアと属州の別なく、法の下に整然と行われるようになった。ローマ帝国がこれほど一体化して平和と繁栄を謳歌したことはかつてなかった。即位の時に思い描いていた構想を、彼は見事に実現したのである。だが、彼の心は晴れず、その顔は憂いに曇り、気難しく寡黙になり、以前の陽気で快活な表情はもう戻らなかった。明晰《めいせき》な頭脳は相変わらずで、政務を完璧にこなしてはいたが、かつての政治への熱意は消え、義務感と責任感だけで仕事をしているように見えた。

ある日、一人のローマの女性が、請願にやってきた。皇帝は執務を終えようとしていたところだったので、今日はもう時間がない、またにしてほしいと言った。ところがその女性は相当な猛女で、「ローマ市民の請願を聞くのは皇帝の義務じゃありませんか、それがいやなら皇帝になどならなければよかったんです」と叫び立てた。ハドリアヌスは苦笑して彼女の請願に耳を傾けたという。ナイルの悲劇より前にはこんなことはなかった。

それでも、無為でいることに耐えられる人ではなかった。詩を書き、文法書を編纂《へんさん》したが、それくらいでは時間が余った。そこで彼は、皇帝即位以来、つねに取り組んできた建築事業に没頭した。もちろん工事の細部にまで目を光らせ、指示を与え、時には自分で設計する。着想は非凡、趣味は高雅だった。古い記念建築物の修理や復原も数多く手がけたが、どれにも自分の名を彫り込むことは許さなかった。修復再建した中で最も有名なのがパンテオンである。初代皇帝アウグストゥスの重臣アグリッパによって建てられたこの神殿は、火災に遭ってほぼ全焼、わずかにコリント式の正面柱廊を残すのみであった。焼失する前の神殿本体は長方形のプランであったが、ハドリアヌスはそこに円形の新しい神殿を建てた。堂内の広々とした伸びやかな空間は、巨大な円蓋《えんがい》で覆われ、壁には窓がなく、光は頂上に開いた丸い穴から入ってくる。現存するローマ建築の中では最も保存がよく、今も大勢の観光客がここを訪れて嘆賞する。

ハドリアヌスが再建してから千三百年余り後、フィレンツェの若い建築家がローマを訪れ、このパンテオンに日参して徹底的に研究、その成果を基礎として独自の大円蓋を設計し、それをフィレンツェ大聖堂(サンタ・マリア・デル・フィオーレ)に取り付ける。その建築家の名はブルネレスキ(一三七七〜一四四六)、この円蓋がイタリア・ルネサンスの開幕を告げる号砲となったことは美術史上の常識である。ハドリアヌス帝の着想に成るこの古代神殿は、ルネサンス以降近代の美術家の、及びがたい模範となり、尽きせぬ発想の泉となった。それからまた二百年後、教皇ウルバヌス八世(在位一六二三〜四四)がこの神殿の玄関天井を剝がさ

パンテオンの内部

せたところ、途方もなく大量の青銅が詰め込んであった。教皇はこの青銅で大砲一一〇門を鋳造させ、なお余った分でサン・ピエトロ大聖堂主祭壇天蓋《てんがい》をベルニーニに制作させた。何のためにそれだけ多量の青銅を埋め込んであったのかは謎である。

ハドリアヌスはまた、自分のために広壮な離宮を建設した。ティヴォリ郊外に今もその遺跡が残っているが、神殿、図書館、スタディアム、音楽演奏会場、博物館などをも含む大建築群で、庭園の池のまわりには、素晴らしいギリシャ彫刻の傑作が立ち並んでいた。「二千年間、全世界の軍隊が略奪に来たが、いつも獲物に事欠かなかった」とモンタネッリは評している。皇帝はここで、心ゆくまで余暇を楽しみたかったのだろうか。だが、実際には長くここで暮らすことはなかったようだ。この大離宮が完成した頃、彼の肉体はすでに死病にとりつかれていた。水腫《すいしゅ》とも肺結核とも言われていて、この病気の正体もやはりよくわからないが、激痛を伴うものだったことは確かである。体が腫《は》れ、しばしば鼻から血が噴き出したという。

まだ六十歳になっていなかったが、この病気は皇帝を絶望させるのに十分で、彼はもっぱら死を思い、死に憧れるようになった。テーヴェレの対岸に自分の墓地を設定し、これも円形の、巨大な記念廟を築かせた。もちろん冒頭で述べたとおり、今はカステル・サンタンジェロ、すなわち聖天使城と呼ばれている建物である。生前に墓を作って待っているのに、死はなかなか彼に訪れず、苦痛はますます大きくなった。激痛は昼も夜も彼を苛《さいな》んだが、ローマ皇帝には自殺も引退も許されなかったから、侍医を解任し、むりに酒を飲み、健康によくないと言われる料理を選んで食べて、何とか死期を早めようとした。それでもなかなか死ねなかった。そしてまだ、大切な仕事が残っていた。

さまよういとしき小さな魂よ

皇帝が不治の病に冒されていることを知ると、宮廷には後継者をめぐって不穏な空気がただよい始めた。ハドリアヌスには子がなく、年下の友人ルキウス・ウェルスの器量を見込んで養子とし、後継者に指名していたのだが、人の寿命はわからぬもので、大病に苦しむハドリアヌスより先に急死してしまう。皇帝は死病にとりつかれ、後継者がいない状態では、宮廷が動揺するのも当然である。なにしろローマ帝国皇帝は絶対の独裁者であるから、その人選を間違えば国家は崩壊の危機に直面することになる。熟慮の末、元老院議員アントニヌスに白羽の矢を立て、病床に呼んで養子縁組を結び、その場で後継者に指名、カエサル称号を与えた。これ以後、皇帝がアウグストゥス称号を、副帝すなわち皇位継承者がカエサル称号を持つのが慣例となる。つまり、この面でもハドリアヌスは制度化することを忘れなかったのである。しかもそれだけではなかった。アントニヌスに対して、二人の少年を養子とし、帝王教育をほどこすよう要請した。一人は先に後継指名を受けながら急逝したウェルスの息子、もう一人はアントニヌスの甥で当時十七歳のマルクス・アウレリウスである。つまり、この二人のどちらかをおまえの次の皇帝にせよ、というわけだ。周到なハドリアヌスは、次の次のことまで考えていたのである。そして彼は、この最後の大仕事にも成功を収めた。宮廷の動揺が沈静しただけではない。アントニヌスも、その次のマルクス・アウレリウスも、それぞれ個性豊かな賢帝で、ハドリアヌスが築き上げた帝国の秩序を立派に守り抜いた。

もはや、やり残した仕事はない。ハドリアヌスは気候のよいバイアに転地して療養を続けていた。ナポリ湾に面した、風光明媚《めいび》な保養地である。病気はもう三年近く続き、痛みはますますひどくなったが、最後には安らぎが来たようだ。たぶん穏やかな春の地中海の、浸せば指も染まりそうな青い波のたゆたいに心のリズムを委《ゆだ》ねながら、皇帝はこんな詩を書いた。

さまよういとしき小さな魂よ、
私の肉体に仮りに宿った友よ、
おまえは今どこへ旅立とうとしているのか。
蒼《あお》ざめて、冷たい、裸の、小さな魂よ、
今はもう、昔のように冗談を言う力もなくて、どこへ行く……

その数日後、やっと死が彼を苦痛から解放した。一三八年、享年六十二歳、皇帝在位二十一年。遺骸はひとまずプテオリの、かつてキケロが所有していた土地に埋葬され、その後はむろん、生前に準備しておいたテーヴェレ対岸のあの巨大な霊廟に、一三九年の工事完成とともに葬られた。

第二話　大教皇グレゴリウスの物語

暗鬱な時代

ハドリアヌス帝没後四百五十年の歳月が流れた。ローマ帝国の西半分は、すでに文明そのものが崩壊していた。ゲルマン系諸族、アジア系諸族はイタリア、フランス、スペイン、北アフリカを蹂躙《じゅうりん》し、都市を劫掠《ごうりゃく》し、住民を殺戮《さつりく》し……そんな事態がもう二百年以上も続いていた。

いつ果てるともないその崩壊過程の中で、かつて熱砂のサハラ砂漠からイングランドまで、ドナウ川からイベリア半島までを網の目のようにつないでいた水陸の交通網は寸断された。ハドリアヌス帝があれほど力を注いで整備した行政体系も同様に寸断された。死んだとかげの手足がぴくぴく動くように、まだ局部では辛うじて諸制度が保たれていたが、もはやかつての整然とした法の支配は見られなくなって久しかった。経済基盤は完全に崩壊し、交易は停止し、貨幣も流通しにくくなり、人々は土地にかじりついて生きるしかなかった。

栄華をほしいままにしていたローマの都も、今は半ば廃墟《はいきょ》だった。百万を大きく超えると言われた人口も、今はその十分の一にも満たず、パラティーノの丘に立ち並んだ豪邸は住む人もなく放棄され、立ち腐れていった。巨大な浴場、競技場、劇場も廃墟と化し、もはや何のための建造物だったかもわからなくなりつつあった。戦乱が、飢餓が、疫病が、容赦なく生き残った市民に襲いかかった。頼るべきものはもはや、キリスト教会しかない。普遍的な統一性を保っているのは、この宗教組織だけなのである。

六世紀末近く、イタリア中に豪雨が降り続き、河川が氾濫《はんらん》し、至る所で農地も市街も水浸しとなった。ノアの洪水もかくやと思わせるほどであった。ローマでもテーヴェレ川が氾濫し、その濁流の中から数百匹の蛇と一頭の巨大な龍が姿を現し、首都の市街を泳ぎ回った末に、海に向かって姿を消したという。その頃すでに新たな「蛮族」、北欧系の遊牧民ランゴバルド族の大軍がイタリア半島内陸部の大半を席捲《せっけん》し、ローマに迫ろうとしていた。教皇はコンスタンティノープル（現在のイスタンブール）に急使を送り、救援を懇願したが、対ペルシャ戦争に必死のビザンツ（東ローマ）帝国には、もはやイタリアに援軍を出す余裕はなかった。

ローマでは、蛮族軍より先に、恐るべき伝染病、ペストが市民を襲った。洪水と飢餓に打ちひしがれた人々には、ペスト菌に対する抵抗力も残っておらず、次々に死んでいった。教皇ペラギウス二世もこの疫病に冒され、死の床についていた。もはや神に祈り、奇蹟を待つしかなかった。

西暦五九〇年のある日、テーヴェレ川の岸に、ローマ市民の異様な群れが姿を現した。飢

え と 病いに疲れた大勢の人々が、口々に祈りの言葉を唱えながら、足を引きずるように歩いていく。すでにこの群れから数十人の病人が脱落し、街路に倒れてそのまま死んでいった。先頭に立つ修道院長は聖画像を高く掲げ、サン・ピエトロ大聖堂のほうへ信徒の群れを導いていく。疫病退散を願うローマ市民の行列である。

やがて行列は、ハドリアヌス霊廟の対岸にさしかかった。一時期イタリア全土を支配した東ゴート族の王テオドリクが、この霊廟を城塞に変えていたから、円錐形の盛り土は剝がされ、四頭立ての馬車を駆るアポロ神に扮《ふん》したハドリアヌスの像も撤去されて、だいぶ外観は変わっていたが、巨大な円筒形の構造と中央の塔は、まだそのまま残っていた。

その塔の頂上を見上げた信徒が声を挙げた。

「グレゴリオ様、あれは何でございましょう」

グレゴリオと呼ばれた修道院長は、そこに天使の姿を認めた。

「あれこそは神のみ使い、聖天使。見よ、皆の衆、聖天使様は今、剣を鞘《さや》におさめようとなさっている。喜べ、神罰は終わったのじゃ」

人々は空を見上げ、グレゴリオの言うとおりの天使の姿をハドリアヌス霊廟の頂上に見た。その日から、疫病の勢いはしだいに衰え、沈静した。そして、ハドリアヌス帝の霊廟は、カステル・サンタンジェロ、すなわち聖天使城と呼ばれるようになった。幾世紀を経た今も、聖天使城の頂には、剣を鞘におさめようとする天使の像が見られる。

洪水の中に出現した巨龍といい、この聖天使といい、現代人にはなかなか信じられない話だが、六世紀末のイタリア人の大多数がそれを信じていたことは間違いない。古代西方世界の晴朗な理性は、神秘と奇蹟を待望する中世の情熱に道を譲ったのである。そしてこの疫病退散祈願の行列を組織し、指揮した修道院長グレゴリオこそ、この新しい、暗鬱《あんうつ》な時代の、最高の指導者となる運命を背負っていたのである。

カステル・サンタンジェロ頂の聖天使像（芳賀ライブラリー提供）

教皇を取り巻く四つの難題

聖天使の奇蹟によって、ペストは潮が引くように去っていったが、教皇ペラギウスは病没。ローマの聖職者と市民は挙《こぞ》ってグレゴリオを後任に推挙した。これがこの頃の司教の選び方であり、ローマの司教が教皇と呼ばれるのである。グレゴリオは固辞し、この推挙を認めないようビザンツ皇帝宛に親書を書いたが、この手紙は届かなかった。困ったグレゴリオは洗濯物の箱の中に隠れ、二人の召使いに命じて、このまま市外へ運び出させ、逃亡しようとした。ところが不思議や、城門に近づいたとき、その洗濯物の箱から後光がさし、怪しんだ通行人がむりやり箱を開けさせ、グレゴリオを引っぱりだして、そのままサン・ピエトロ大聖堂へ連れて行き、有無を言わさず教皇に就任させた。皇帝の認可状もすでに届いていた。大教皇グレゴリウス(イタリア語読みでグレゴリオ)一世は、こうしてキリスト教会の首長となったのである。

またしても奇蹟話だが、グレゴリオはなかなかの政治家であったから、襲位を固辞したのは自己の聖徳を強調するためのジェスチュアに過ぎない、と見る向きがある。皇帝宛の親書だって本当は書かなかったのだろう、書いたら届いたはずだ、というのである。しかし、この時期のキリスト教会をめぐる状況を考えれば、彼が教皇になりたくないと思う事情は十分に理解できるのである。

まず第一に、ローマの司教が教皇、すなわち地上における唯一の「神の代理人」であると、全信徒が認めていたわけではない。コンスタンティノープル司教、アレクサンドリア司教、アンティオキア司教は、ローマ司教と同等の権威があり、ローマ司教の風下に立つことを承知しなかった。特にビザンツの首都コンスタンティノープルの司教は、皇帝の信任を得、皇帝の霊魂の導き手である自分こそが、教会最高の権威であると主張していた。

第二に、キリストの福音を信じる人々がすべて一つの教会にまとまっていたわけではない。異端として教会から排除され、分離した人々がいる。その中で最も強力なのがアリウス派で、自己の組織と聖堂を維持して結束しており、その勢力は一時より衰えたとはいえ、なお侮りがたい。特にイタリア半島の三分の二を支配下におさめたランゴバルド族がアリウス派であるから、正統カトリック教会の立場は楽ではない。

第三、そのランゴバルド族は、ゴート族のように一人の王のもとに統制されているのではなく、何人ものボスがそれぞれ自分の征服した土地の領主として独立に権力を振るい、ドゥーカすなわち「公」の称号を名乗って独自に行動する。王はこの「諸公」の中から互選されるが、その地位は儀礼的・象徴的なもので、他の公に命令することはない。スポレート公、ベネヴェント公など、ローマの近くを支配するランゴバルド族のボスたちは、虎視《こし》眈々《たんたん》とローマに狙いをつけている。戦うにしても和を講ずるにしても、やりにくい相手である。

第四、これが最も難しい問題だが、頼りにすべき国家機構が存在しない。ランゴバルドと戦うとすれば、宗教団体である教会が武装しなければならぬ。和を結ぶとしても、教会が外交の駆け引きをしなければならない。さらに、ローマとその周辺の統治をどうするか、という問題がある。ビザンツの皇帝はすでに、その地域の統治をローマ教会に委《ゆだ》ねると布告し、行政から手を引いていた。たしかに、それ以外に方法はなかった。教会はこの数世紀の間に多くの遺贈と布施を得て、巨大な資産の持ち主になっていたし、知識や技術や情報をも独占できる立場にあった。しかし、それでも、キリスト教会はあくまで宗教団体であって、信徒の信仰を指導し、欲望の誘惑から信徒を守り、霊魂の救済へと導くための組織でなければならない。それが世俗の権力を代行し、みずから世俗の富を蓄え、兵を募り、税を集め、治安を維持する責任を担うのであれば、ローマの教会はそのまま世俗の国家でもあることになり、教皇は一地域の君主を兼ねることになってしまう。それは、「カエサルのものはカエサルに返せ」と言ったキリストの教えに、明白に背くことにならないだろうか。しかし、だからといってその責任を放棄し、ひたすら霊魂救済のために祈ることに徹すれば、ローマはたちまち異端アリウス派の「蛮族」に蹂躙され、全信徒はそのよりどころを失うこととなるだろう。

ランゴバルド族の進撃を前にして、この四つの問題はもはや先送りを許されない。新しい教皇は就任すればすぐに決断し、対策を講じなければならない。そしてその決断が遅れれば、あるいはその対策を間違えば……その時は西方の正統派教会の全面的破局である。しかもその四つの問題のどれ一つとして、確実な解決の見通しの立つものはない。教皇襲位をためらうのは当然であった。だが運命はグレゴリオを教皇座に押し上げ、彼はそれを神の意志として受け止めたのである。だがそのグレゴリオとは、どういう人だったのか。その生い立ちから、語り始めよう。

生い立ちと修道生活

教皇襲位以前の姓名もわかっていないし、生年も定かでない。五四〇年頃にローマの裕福な名門貴族の子として生まれたと推定できるが、親の名はわからない。彼の父はチェリオの丘に大邸宅を構え、他にも市内にかなりの不動産を所有していた。だから乱世においても例外的に高等教育を受けることができ、官吏となり、三十代の若さでローマの司政長官を務めた。まさに古代知識人の末裔《まつえい》であり、世が世であれば順調な出世コースをたどっていたことになるが、ちょうどランゴバルド族の強襲にミラノが、パヴィーアが、次々と陥落した頃だった。もはや食い止めることのできない時代の流れと文明崩壊の運命を、グレゴリオは痛感したようである。父が他界し、長官の任期を務め上げた後、世を捨てて修道士となる。父の遺した莫大《ばくだい》な資産の三分の一を貧者に分け与え、残りを六つの修道院に変えて教会に寄贈し、チェリオの丘の豪邸も修道院として、そこで厳しい修道生活を送ることにしたのである。

荒野や砂漠、あるいは山岳に隠れ住んで孤独に修行するキリスト教の苦行者はずっと昔から絶えなかったが、まとまって集団生活を営み、一切私財を持たず、共同の規律のもと厳しい労働と祈りの日々を送ろうとする、いわゆる修道院運動を創始したのは、聖ベネディクトウス（イタリア語読みでベネデット）である。彼が最初の本格的な修道院をモンテ・カッシーノに創立したのは五二九年のことで、当初は戒律が極度に厳しいというので反撥《はんぱつ》を受けたが、やがてその運動と理念は多くの人を動かし、グレゴリオが物心ついた頃にはすでに全欧に広がり、修道院の数は百を超えるに至っていた。

グレゴリオはこの修道院運動の創始者を篤《あつ》く崇拝していて、後に教皇となってから、簡潔な聖ベネディクトゥス伝を書いているが、その一節に大要次のような挿話がある。まだ修道院運動を始める前、若いベネデットがローマ近郊スビアコ山中の洞窟《どうくつ》で孤独な苦行生活を送っていた頃のことである。

ある夜ベネデットは夢に別れた恋人の面影を見た。忘れようとして忘れられないその面影は、覚めても心に焼き付いて彼を苦しめ、情欲の炎を燃え上がらせ、荒野を捨てよ、修行をやめよとそそのかした。苦しみのあまり彼は裸になり、茨《いばら》の茂みの中に身を投じて、転げ回った。とげに全身を刺されて彼は血みどろになったが、神は奇蹟を現し給うた。情欲は去り、茨の茂みは深紅の薔薇《ばら》咲き乱れる園に変わっていた。

最後は例によって奇蹟で落としているが、この話、変に生々しい実感があるので、グレゴリオ自身も同種の経験があったのではないかと思わせる。自宅を改造した修道院で、グレゴリオは極度の禁欲生活を守り、生野菜と果物ばかり食べて過ごしたが、それでもこの三年間が生涯で最も幸福な時期であったと、後にしばしば回想している。だが教会は政治・行政の才能を探し求めており、才能も経験も豊かなグレゴリオを見逃すはずはなかった。教皇はまず彼を財政面の要職に抜擢、次いで五七九年、教皇使節としてビザンツ帝国宮廷に派遣した。

ランゴバルドの脅威はますます迫っていた。多くの貴族・領主が所領を教会に寄付して修道院に入る道を選んだから、教会はイタリア最大の地主になったが、治安が根底から揺らいでいる時に土地を所有していても大した意味はない。教皇は何度かランゴバルドの王や公に金品を贈って籠絡《ろうらく》し、何とかローマ進撃を阻止していたが、そんな姑息《こそく》な手段でいつまでも危機をしのげるものではない。頼りにするのはビザンツ帝国の軍事力だけだが、ラヴェンナに本拠を置くビザンツの駐留軍は、ランゴバルドの制圧を免れた海岸地帯の守備で手一杯、本国からの大救援部隊の到着がなければローマ防衛に乗り出す可能性はない。その救援を懇請するためにグレゴリオが東都に赴いたのである。

しかし、失望するほかはなかった。コンスタンティノープルの都は、さびれ果てたローマと違って、豊かに賑《にぎ》わっており、学問や芸術も栄えていたが、その社会はすでに動脈硬化の症状を示しつつあった。宮廷は洗練された豪華さを誇っていたが、すべてが形式化され、儀式化され、皇帝は東洋の専制君主に似た雲の上の存在で、司教はその傍らに高官然と控えており、民衆は相変わらず「パンとサーカス」つまり社会保障と娯楽を、求めてやまなかった。

厳しい修道生活を送ってきたグレゴリオはこの宮廷の雰囲気になじめず、「サーカス」どころかパンにさえ事欠くローマの、飢えた民衆のことを思いやった。昇進や利権をめぐって、宮廷では卑小な欲望と嫉妬《しっと》が渦巻き、ライバルを蹴落《けお》とすための陰謀が絶えなかったが、本気で西方の同胞を救おうとする空気はどこにも感じられなかった。グレゴリオはこの豪華な宮廷の中で粗衣粗食の生活を続け、六年を過ごしたが、使節の目的を果たすことはできなかった。しかし、この期間に彼は多くのことを学んだ。陰謀渦巻く宮廷での生活から、政治的な駆け引きの術も覚えたが、何よりも彼を考えさせたのは、国家権力と癒着してその制度の一部と化した東方キリスト教会の実状であったに違いない。

五八六年ローマに戻り、しばらく修道生活を続けた後、あのペスト襲来があり、聖天使の奇蹟があって、教皇に就任したのであるが、グレゴリオはこの頃五十歳前後、背は高くなく、頭はすでに禿《は》げ上がり、長年の苦行で痩《や》せ細り、大きな黒い瞳と、同じく大きな鷲鼻《わしばな》が目立ったが、侵しがたい貫禄を感じさせた。

ランゴバルド族との講和

教皇位に就くとすぐにグレゴリウスは精力的に仕事を始めた。ビザンツ帝国の援助がもはや当てにできないことを彼はよく知っていた。ハドリアヌス時代の官僚組織はもはや機能せ

ジョット『聖グレゴリウス』（アッシジ、サン・フランチェスコ大聖堂の天井画、WPS提供）

ず、司政官は教会に相談せずには何事もなし得なかった。蛮族の脅威から市民を守るためには軍勢を集め、訓練しなければならなかった。そして何よりも、飢えた市民にパンを与えなければならなかった。これらすべてのことを、グレゴリウスは引き受ける決意を固めていた。こうしてローマ・カトリック教会は、ローマと中部イタリアの世俗権力を一手に握ることとなった。つまり、教会が国家を兼ね、教皇が君主を兼ねることになったのである。

この伝統はある意味で、千四百年後の現在もそのまま引き継がれている。すなわちローマ教皇は、全世界五億余のカトリック信徒の教主であると同時に、ヴァティカン市国の君主でもあるのだ。ローマの一角に位置するこの国は、面積からしても人口からしても世界最小の国家であるが、れっきとした独立国であって、その国際的影響力は決して無視できるものではなく、そのため世界の主要国のほとんどすべてが、猫の額ほどの大きさのこの国に、大使を派遣し、駐在させているのである。

こうして教会が、市民の現世の生活に責任をもつこととなった。グレゴリウスはそのための国家体制を創り出し、税を徴収し、貧しい人々に食物を配り、防衛軍の兵を徴募し、孤児院や施療院を運営する一方、宗教組織としての教会の整備にも力を入れ、教義を確定し、典礼を統一し、規律を確立することに努めた。だがこの間にも、ランゴバルド族のイタリア征服事業は着々と進行していたのである。

五九二年、スポレート公アリウルフの率いるランゴバルド軍はナポリを目指す。ナポリが陥落すれば次はローマに矛先が向けられることは明らかである。グレゴリウスは多額の償金を支払って和を講じた。何とかスポレート公を説き伏せて撤退させ、安堵《あんど》の吐息を吐いたのも束《つか》の間、パヴィーアに本拠を置くランゴバルド王アギルルフが攻め寄せてきた。王たる余に何の話もなく勝手に講和するとは許せぬ、余みずから軍勢を率いてローマを攻略してくれる、というわけだ。激怒したランゴバルド王の猛進撃の前に、エミリア、トスカーナの諸市は灰燼《かいじん》に帰し、村々は焼かれ、教会堂も容赦なく破壊された。グレゴリウスはいったんは戦う決意で、説教壇上から抗戦を訴えたが、勝利の見通しはまったく立たない。蛮族軍は、捕虜にしたイタリア人数千人に首枷《くびかせ》をはめ、手を縛り上げて最前線に立たせ、それを追い立てながらローマの城壁に攻め寄せた。この「人間の楯《たて》」戦法が相手では、城内から応戦すればまず捕虜のイタリア人が死ぬことになる。これを見たグレゴリウスは、抗戦を諦《あきら》めた。和を請うしかない。金銀財宝をかき集めて蛮族王に贈り、停戦を求める。教皇とランゴバルド王の会談は、サン・ピエトロ大聖堂前で行われ、停戦が成立。グレゴリウスはこれを機に、ランゴバルド族全体との永続的な講和を結ぼうと働きかけた。せっかく王と和平を取り付けても、スポレート公やベネヴェント公が、おれたちは関係ないと言って攻めてくれば、何にもならないからだが、それにはビザンツ帝国が反対する。名目上はイタリア全土が帝国領なので、その一部が勝手に侵略軍と永続的講和を取り決めるなどもってのほかなのである。しかしグレゴリウスは、ビザンツ帝国からの文句は聞き流しておくことにした。気位ばかり高いこの帝国の実力が、頼りにできるものでないことを、彼はよく知っていたのである。こうして五九九年、講和成立。イタリア半島は三分された。すなわちランゴバルド領、帝国領、そして教皇領。

激務の中でグレゴリウスの健康状態はますます悪化したが、休養する余裕はどこからも出てこなかった。だがその後の彼の奮闘こそがローマを本来の勝利に導く。

カトリック改宗工作

ローマに平和が戻り、教会前の広場では毎日貧しい人々に食料が配られた。これでは教会の金庫が空になる、また敵が攻め寄せたらどうするのかと、周囲の反対も強かったが、グレゴリウスはそれに耳を貸さず施しを続け、放浪の吟遊詩人が門に立てば、招き入れて食事をふるまう。かりそめの平和を食いつぶしているように見えたが、教皇グレゴリウスには根本的な大戦略があった。すなわち、ランゴバルド族を異端アリウス派の信仰から切り離し、カトリックに改宗させることだ。そうすれば教皇領の平和を安定的に確保する見通しが開けよう。誰でもその理屈はわかるが、言うは易く行うは難い。「蛮族」すなわちローマ帝国の文明圏の外にいた諸族は、ほとんどが異教徒か、さもなければアリウス派の信徒である。ランゴバルド以前の征服者、東ゴート族もアリウス派で、その王の支配下でカトリック教会が忍従を余儀なくされた思い出はなお新しく、教皇お膝元《ひざもと》のローマにすらアリウス派の教会堂が残っている。北アフリカ一帯を支配するヴァンダル族もアリウス派で、カトリック信徒を迫害しているし、スペインからフランスにかけて勢力を保つ西ゴート族の王国も同じ異端に属する。この状況の中でどのようにしてランゴバルド族を改宗に導くことができるのか。だがグレゴリウスには確かな見通しがあった。

ランゴバルド族の王や諸侯は、正統と異端の分岐となる神学論争を理解できるわけもないし、神の子は神なのか人なのかなどという難しい議論には興味もない。いわば行きがかりでアリウス派になっているだけだから、政治的にそれが不利だとなれば、正統カトリックに鞍《くら》替《が》えしてもいいはずだ。ランゴバルド領の背後、アルプスの向こうのフランスは、今最も勢いの盛んなフランク族の支配下にある。このフランク族の王クローヴィスが異教からローマ・カトリックに改宗したのはもう一世紀以上前のことになるが、教会としてはいちばん頼りになる勢力である。このフランク王国との友好を強化し、背後から牽制《けんせい》すれば、ランゴバルド族も容易に南進は図れない。その緊張を和らげるためにカトリック信仰に移行するほうが有利だということになれば、改宗の可能性は大となろう。

フランスのカトリック教会組織網はローマの指示で活性化し、教皇国家との連携を強めるべくフランク王宮廷に働きかけたが、グレゴリウスの構想はさらに遠大だった。フランスのさらに後背地であるイングランドをもカトリック圏内に吸収しようというのである。五九六年、腹心の修道士アゴスティーノ（ラテン語読みでアウグスティヌス、英語読みではオーガスティン）を長とする四十人の伝道団を派遣。当時の英国はアングル族とサクソン族の、いわゆる七王国時代だったが、住民のほとんどが異教徒だった。ローマの伝道団は途中フランスに立ち寄ったが、フランク王国の人々は、英国への布教なんてとんでもない、と言った。「サクソン族は未開であり、アングル族は食事よりも殺人を好んでいる。人間の血に飢え、特にキリスト教徒の血を最も好むと言いますぞ」。驚き恐れたローマの修道士たちは、伝道を諦めてローマに引き返したが、教皇は許さなかった。ひるむ修道士を責めかつ励まし、再び出発させる。行ってみれば案ずるより生むが易く、布教は成功、カンタベリーに英国最初の修道院が生まれ、アゴスティーノは聖者とあがめられた。以後英国ではカトリックが基礎を固め、次の北欧布教の拠点となる。

一方、ランゴバルド族の王都パヴィーアの宮廷でも、改宗への歩みは着実に進んでいた。ここでの有力な手がかりは美しい王妃テオドリンダ、アリウス派ばかりのランゴバルド貴族の中で、異種族から嫁いできた彼女だけが熱心なカトリック教徒だった。教皇は頻繁に王妃に手紙を書き、フランスの司教や修道院長は宮廷に日参して王妃の信仰を強める。百年前、フランク王クローヴィスの改宗の時にも、同じ立場の王妃クロティルドの尽力が大きくものを言ったことを、グレゴリウスはよく知っていた。ランゴバルド貴族の中からカトリックへ改宗する者が続出し始める。王は個人としては頑固に改宗を拒否したが、この傾向を妨げようとはしなかった。たぶんアリウス派信仰に固執するのは政治的に得策でないと、わかっていたのだろう。

六〇三年春、結婚後十一年目に、テオドリンダ妃はめでたく男児を分娩、この世継ぎの王子はローマ・カトリックの洗礼を受けた。改宗への流れは奔流となり、ランゴバルドの貴族高官は雪崩《なだれ》を打ってカトリックに移り、民衆もそれにならった。アリウス派に最後まで義理を立てたのは、王アギルルフだけだった。教皇グレゴリウスの構想は全面的に実現した。これを、信仰を利用して世俗権力を固めたと見るか、それとも世俗権力を利用して信仰を広めたと見るかは、主観の相違だろうが、当時のカトリック教会にとってこれが最善の道であったことは疑い得ない。

「神に選ばれた執政官」

グレゴリウス自身は強固な正統信仰の人であった。この改宗工作の間も聖職者としての務めをおろそかにすることなく、大部の著述を行い、聖職の性質と義務を論じた『司牧規定書』は、中世を通じてカトリック聖職者の必携書となった。コンスタンティノープル司教ヨハネスが「世界総大司教」と称していることを厳しく批判し、教皇とは宮廷で敬われる高位高官ではなく、「キリストの僕《しもべ》たちの僕」である、つまり信徒全員に奉仕する存在であると常に言い、そう署名した。

彼は全身全霊を挙げて職務に精励した。彼の職務は世界のカトリック信徒の長である教皇と、中部イタリアの広い領土の統治の責任を持つ世俗君主との、二つを兼ねていたし、教会も国家もまだ組織がまったく整っていない状態でその職務を引き受けたのだから、多忙この上ない生活であった。この教皇の遺した八百五十通に上る書簡から、その精励ぶりをうかがうことができるが、それと同時に、行政家、財政家、外交家としての辣腕《らつわん》ぶりをも知ることができる。貪欲《どんよく》で迷信的な豪族に「この世の終末は近い」と説教して財産を教会に遺贈させ、ユダヤ人にその信仰を許すかわりに高率の税を負担させた。ビザンツの皇帝にはいつもうやうやしく敬意を払って、その形式上のイタリア領有権を認めていたが、その意向は常に無視してはばからなかった。

これだけ忙しいのに、まだその上に神学者としても大きな仕事をした。旧約ヨブ記への評釈書『モラリア・イン・ヨブ』は、古代文化の終焉《しゅうえん》を宣言し、中世文化の開幕を告知した書である。聖書が完璧な知と美の体系なのであるから、もはや異教の古典を読んで時間をつぶし、心を汚してはならない、とグレゴリウスは言う。だが聖書は難解であり、訓練を受けた人による綿密な解釈が必要だから、信徒は自分勝手な解釈を下してはならず、必ず教会の解釈に従わなければならない。神は人間の知性を超えた存在だから、知性によって神の存在を証明したり否認したりすることはできない。ただ信じるだけである。地獄は決して比喩《ひゆ》でも虚構でもなく、実在するものであり、信じない者の霊を収容し、永劫《えいごう》の責め苦にあわせるところである。こうして、古代人のあの旺盛《おうせい》な知的好奇心は悪魔の所行と見なされるようになり、古代思想の合理性は、神罰と奇蹟に満ちた神秘性に取って代わられる。経済・社会的にすでに崩壊した古代文明は、ここに文化的にも消滅するのである。

　これでもまだグレゴリウスの仕事にすべて触れたことにならないから驚きだ。彼はまた、教会の典礼についても心を砕き、特にミサの形式を整えることに熱心であった。現在行われるミサの式次第は、基本的にはグレゴリウスの定めた礼式にのっとっている。ミサで歌われる聖歌についても深く関与し、みずから作曲や指揮に当たったと言われる。最古の西洋音楽と見なされる男声斉唱の聖歌は、この偉大な教皇の名を冠して「グレゴリオ聖歌」と呼ばれ、今日も歌い継がれている。細密画と金箔《きんぱく》で飾られた楽譜の表紙に、教皇グレゴリウスの肖像の描かれていることが多いのも、この面での彼の業績を讃えるためである。

フラ・アンジェリコ『グレゴリウスのミサ聖歌集写本』より「聖ドメニコの栄光」（サン・マルコ美術館蔵、WPS提供）

　この超人的な教皇の唯一の弱点は、健康面にあった。若い頃からの苦行と栄養不足、それに教皇襲位以降の激務と心労が重なり、病気が絶えず、持病の痛風は昼も夜も彼を苦しめた。
「一年近くほとんど病床についたきりだ。痛風と心労に苦しみ、早く死んで解放されたいと毎日思っている」（五九九年）
「激痛が続き、ミサの三時間立っているのが耐え難い。もう死ねると感じるのに、毎日死ねないでいる」（六〇〇年）
「寝椅子から起きあがれなくなってこれで何日か。神のお召しが待ち遠しい」（六〇一年）
六〇四年、ランゴバルド族改宗事業の完成を見届けて、教皇グレゴリウス一世は永眠した。その墓碑には「神に選ばれた執政官」と刻まれた。まさにぴったりの墓碑銘である。教会と教皇国家の礎を築いたこの教皇を追慕して、人々は大教皇と呼び、聖者の列に加えた。歴代二六四人の教皇のうち、聖者とされる人は数十人いる。だが、大教皇と呼ばれるのは、レオ一世を除けば彼だけである。
彼の跡を継いだ教皇サビニアヌスは、教会前の広場で貧者に食料を配るのを止めさせた。すると、故人となった前教皇グレゴリウスが三晩続けてその夢枕に立ち、食料の施与を復活するよう忠告した。サビニアヌスはその忠告を無視した。グレゴリウスは四たび夢の中に現れ、杖《つえ》で教皇の頭を殴りつけた。その翌日、サビニアヌスは死んだという。グレゴリウスは死後もなお奇蹟を現したのである。

第三話　マローツィア夫人とその息子たちの物語

聖天使城の結婚式

九三二年の早春の一日、ローマのあの聖天使城は、時ならぬざわめきに包まれていた。今日ここで、世紀の婚礼が挙げられるのだ。花嫁はすでに城内にいて、花婿の到着を今や遅しと待ちかねている。その名はマローツィア、ローマでは知らぬ者のない美女で、その上教皇庁を思うがままに切り回す女傑でもある。ただし初婚ではなく、すでに二度結婚し、二児の母である。その二児の一人が現教皇ヨハネス十一世で、彼が教皇座に就いたのも、すべて母の飽くなき権力志向のたまものなのである。彼女が待つ三度目の夫はプロヴァンス出身のイタリア王ウーゴ（フランス語読みでユーグ）、すでにローマ郊外の宿営からこちらに向かっているとの知らせがあった。

イタリア王と教皇領国、この二つの世俗権力が合体すれば、当然その分だけ強力となるし、またカトリック教皇を思いのままに操ることができれば、カール大帝（シャルルマーニュ）の場合のように皇帝戴冠《たいかん》をすることも夢ではなくなる。こういう計算があった上での結婚だったが、それを実現するには、越えねばならぬハードルがあった。最大の問題は、マローツィアの前夫、トスカーナ伯グイードが、新郎となるべきウーゴの異母兄だったことである。

そのグイードはもう死んでいるので、離婚だの重婚だのいう問題はないが、教会法では兄弟の寡婦と結婚することを明白に禁じている。いくらマローツィアの権勢が強くとも、その法を曲げることはできず、いくらマローツィアの実子であっても、教皇がそんな結婚を祝福することはできない相談である。困ったウーゴ王とマローツィアは強引な策に出た。グイードは実の兄弟ではない、出産時に助産婦が間違えて、別の子とすり替わってしまったのだと強弁し、証言をでっち上げ、だから二人の結婚には何の問題もないはずだと、マローツィアが教皇を説得する。教皇ヨハネス十一世がそんな話を信じたかどうかは疑問だが、少なくとも信じたふりをしてその「事実」を公表し、みずから結婚式に出席して祝福を与えると発表した。

やがて花婿到着。自慢の馬にまたがって恰幅《かっぷく》のよい長身、ローマの貴族や高位聖職者を従え、金髪を早春の日ざしに輝かせて、聖天使城正門前に降り立つ。美食を愛し、乗馬と狩猟の名手で、戦闘に当たっては勇猛果敢、王というより武将と呼ぶほうがふさわしい人柄である。色の道でもなかなかの豪の者で、故郷プロヴァンスにも、王都パヴィーアにも、何人も愛人がいるとは、口さがないローマ市民のもっぱらの評判。そんなウーゴを出迎える新婦マローツィアは、豪華な白の結婚衣装に赤紫のチュニックを羽織り、髪飾りにはふんだんに宝石をちりばめ、細密な模様を彫り込んだ金のブレースレットを両腕にはめて、ここを先途と装いを凝らしている。この時代のこととて生年は定かではないが、たぶん四十路《よそじ》に入ったはず、さすがの美女も年には勝てず、厚化粧の下に肌の疲れを隠すことはできなかったようだ。ウーゴにとってマローツィアは、長年兄嫁だったのだから、これが初の対面ではない。往年の美貌《びぼう》を知っているだけに、がっかりしたかもしれないが、もともと愛だの恋だのが動機ではなく、美貌目当ての結婚でもない。両者の権力意志が合致してのこの婚礼であるから、花嫁が少々老けているくらいは、二の次三の次の問題でしかない。

ハドリアヌス帝の石棺の置かれていた広間で、教皇直々の祝福を受けて、式は滞りなく終わり、イタリア王の権力とローマ教皇庁の実権とが、こうして合体することになった。豪勢な披露宴が済むと、二人はまた式場となった広間に戻ってきた。ウーゴはこの聖天使城を夫婦の新居とし、この広間を新婚の寝室とすることに決めたのである。ローマ貴族が心からこの結婚を歓迎しているわけではないこと、ローマの民衆の中にマローツィアとその一族の横暴を憎むものが多いこと、それをウーゴは知っていたから、安全第一を図ったのである。ウーゴもマローツィアも、中世貴族の常として、字が読めず、まったくの無学であったから、聖天使城について、グレゴリウスの奇蹟は知っていたろうが、古代の皇帝については何も知らなかった。自分の墓がイタリア王夫妻の新婚の寝所に使われると知ったら、ハドリアヌスはたぶんあの世で苦笑したに違いない。

イスラム世界の出現と統一ヨーロッパの幻想

大教皇グレゴリウス一世没後三百三十年近く経っていた。その間にイタリアとそれを取り巻く世界は大きく変貌し、経済も文化も惨めな停滞の泥沼から這《は》い上がれぬまま、もがき続けていた。最も大きな変化は、もちろんイスラム世界の出現と、それによるキリスト教世界の深刻な危機である。

グレゴリウスの没した七世紀初頭は、アラビアの砂漠に現れた預言者ムハンマドがアラーの神のお告げを受けてイスラム教を創始し、布教を開始した時期でもある。この新宗教はたちまちのうちに中近東から北アフリカへと広がり、まったく新しい一つの文明を築いていった。キリスト生誕の地ベツレヘムも昇天の地エルサレムもイスラム支配下に置かれ、キリスト教の主要拠点であったアンティオキアやアレクサンドリアも新宗教の牙城《がじょう》に変容してしまった。イスラム世界の膨張は止まるところを知らず、アジアへ、次いでヨーロッパへとその攻勢を緩めない。ビザンツ帝国はもっぱら防御を強いられ、必死に抵抗するが攻勢に転ずることなくじりじりと後退、領土の大半を奪われて、もはや西ヨーロッパに干渉する力はない。六四一年エジプト全土がイスラム支配下に入り、六九八年にはカルタゴがイスラム軍の攻勢に屈する。その地のキリスト教の聖堂は、すべて破壊されるか、イスラムのモスクに変えられた。七一一年、ついにイスラム軍はジブラルタル海峡を越えてスペインに進出、たちまちのうちに、かつてローマの穀倉地帯であったイベリア半島を手中に収め、やがてピレネー山脈を越えてフランスへとあふれ出す。七三二年、フランク族の将カール・マルテルがポアティエに迎撃、勇戦奮闘してイスラムの大軍を撃退しなかったら、西方キリスト教世界はイスラムの巨濤《きょとう》に呑み込まれてしまうところだった。

こうしてキリスト教世界はその版図を半減した。古代地中海世界は二つに分裂し、かつてその中心に位置したイタリアは、今やキリスト教世界の最前線となり、イスラム世界と海を隔てて対峙《たいじ》することとなった。北欧や東欧スラブ諸国への布教で、キリスト教も若干の伸張を見せたが、この損害を埋め合わすには遠かった。八世紀の中頃、キリスト教世界はすでにイスラム世界に格段の差をつけられていた。軍事力だけではない。経済も文化も、イスラム世界は比較にならないほどの水準を達成していた。ちょうど中国は大唐帝国の盛期、日本は奈良時代である。この時代のヨーロッパは、地球上の後進地域になり果てていたのだ。だがここで、ヨーロッパ史上最大の英雄の一人、カール大帝が登場する。ヨーロッパ統一という、後にも先にもない彼の偉業について、ここで述べる余裕はない。イタリア半島の大部分を支配していたランゴバルド族の王も、カールに敗れてその臣下となり、王朝の歴史を閉じたが、それについても今は語る暇がない。ただ、彼のローマでの戴冠についてだけ語ることにしよう。西暦紀元八〇〇年の降誕祭の日の出来事である。八〇〇年といえば、グレゴリウス一世没後約二百年、聖天使城でのマローツィアの婚礼より百三十年ばかり昔のことになる。

フランク王カールはサン・ピエトロ大聖堂の儀式に参列、古代ローマ貴族の装束を着けた正装で、祭壇の前にぬかずいている。突然教皇レオ三世がカールの側に歩み寄り、宝石をちりばめた帝冠を差し出し、それをカールの頭上に置く。大聖堂を埋めたローマ市民は、あらかじめ予行演習がしてあったらしく、「尊厳なる皇帝カールばんざい！　神より冠を授与された偉大な平和の使徒、ローマ人の皇帝！」と三度繰り返して叫ぶ。これは古代ローマ皇帝推戴のしきたりにのっとった言葉である。意外な成り行きに驚くカールの頭に聖油が注がれ、教皇は恭《うやうや》しく皇帝に祝辞を述べる。こうして新たな歴史が開かれ、ヨーロッパはビザンツの支配から完全に独立して、その秩序と価値観の頂点に、

ラファエロ『教皇レオ三世により戴冠するカール大帝』（ヴァティカン美術館蔵）

一人の皇帝と一人の教皇を頂くこととなった。これはまた、カトリック教会の勝利でもあった。教皇の手によって戴冠されることによって初めて皇帝となることができる。ローマ・カトリック教皇こそがあらゆる世俗支配者の権威の源泉であるという原則が、ここに確立されたのである。その後のヨーロッパの政治史は、ナポレオンに至るまで、大なり小なりこの原則に縛られることになり、またこの原則そのものが、カトリック教会をますます世俗支配と権力の方向へと誘惑し、国家対教会の尽きぬ争いの源泉ともなるのである。

だが、カール大帝が亡くなると、統一ヨーロッパが幻想でしかなかったことが明らかになっていく。後継者には大帝ほどの実力を持ったものはいなかったし、何よりも統一を支えるだけの社会的基盤がなかった。大帝の遺領は分割され、ヨーロッパは再び封建的無秩序の状態に舞い戻った。すでにカール在世中から北辺を荒らし回っていたノルマン海賊、ヴァイキングの民は、ますますその勢いを強め、ついにセーヌ川を遡ってパリにまで攻め込んでくるし、デーン人はイングランドに侵攻して暴れ回る。九世紀に入ると東からアジア系の蛮族マジャール人が押し寄せて、ヨーロッパ東部を壊滅状態に陥れる。イスラム世界も決してその攻勢を緩めたわけではない。イタリアは特にイスラムの脅威に悩まされることになる。

六二五年、アレクサンドリア沖の海戦でビザンツの艦隊がイスラム軍の急襲の前に壊滅して以来、地中海の制海権は完全にイスラムの手中に入った。「キリスト教徒には板子一枚海に浮かべさせない」とイスラム海賊が豪語する状況になったのである。七世紀から八世紀にかけてはまだ、島部や沿岸部が海賊に劫掠されるだけで済んでいた。好きなだけ殺しかつ奪った後は、アフリカへと引き揚げていったからである。しかし、九世紀に入ると、イタリアに対する組織的・軍事的な侵略が開始された。まず目標になったのは、地中海のちょうど中央に位置するシチリア島だった。八二七年シラクーザに上陸したイスラム軍は、四年後にほぼ全島を制圧、パレルモに首都を置き、行政官を派遣して、この島を植民地とした。以後二百年以上、シチリアはイスラム圏に編入されたままで、これがキリスト教側に完全に奪回されるのは、十一世紀も後半のことになる。今でもシチリアがどことなくイタリア本土と違った雰囲気を感じさせる主要な原因の一つは、この時期に浸透し定着したイスラム文化の諸要素の影響なのである。だがイスラム側からのイタリア侵略はシ

サン・カタルド教会　シチリア島のパレルモにはアラブ・イスラム建築の影響の跡を残す聖堂が残っている。

チリアで終わったわけではない。八四一年には遂にアドリア海岸から本土に上陸、バーリを占領する。バーリのイスラム支配は三十年続いた。テーヴェレ川を遡ってローマを襲撃する企ても何度か実行された。内陸深く、あのモンテ・カッシーノの修道院が劫掠されたこともある。

こうして南からイスラム勢力、北からはノルマン・ヴァイキング、東からはマジャール人の侵攻を受けて、西方キリスト教世界はがたがたになっていた。カール大帝死後、ヨーロッパ全体を一致団結させ、危機に対抗できるような英傑は出現せず、その直接の血統が絶えると、各地の小ボスたちが帝冠や王冠をほしがって合従連衡《がっしょうれんこう》を繰り返す、矮小《わいしょう》で醜悪な権力ゲームを続けるばかりとなる。だが、西欧全キリスト教徒の精神の支えとなるべきローマ・カトリック教会そのものが、その醜悪な権力ゲームに巻き込まれてしまったことこそ、危機中最悪の危機であったと言うべきであろう。

カトリック教皇庁の腐敗堕落

大教皇グレゴリウスが非常事態の中で、決断をもって引き受けた世俗権力が、今は災いのもととなっていた。教皇が世俗君主を兼ね、かつ皇帝戴冠という最高の世俗的権威を併せもっていれば、権力の亡者たちがそれに目を付けないはずがない。教皇を自分の意のままに動かし、利権と栄誉とをむさぼろうとするのは当然の成り行きである。教皇が意のままにならなければ暴力で脅しつけ、廃位や暗殺の挙にも敢えて出る。イタリアの地方ボスの中で地理的に有利な立場にあるのは、スポレート公かトスカーナ伯だが、そのスポレート公の圧迫に耐えかねた教皇フォルモススは八九五年、東フランク王アルヌルフに檄《げき》を送って救援を乞う。それを知ったスポレート公は教皇を聖天使城に幽閉するが、アルヌルフは南下してローマを制圧、囚われの教皇を解放する。だがアルヌルフはカール大帝の再来ではなかった。翌八九六年、教皇フォルモススが亡くなると、たちまちスポレート派が巻き返し、自派の教皇を擁立して、復讐《ふくしゅう》に出る。聞くもおぞましい死骸裁判は、この時のことである。

新教皇ステファヌス七世は、前教皇フォルモススの罪状を数え上げ、その裁判を行うと公布した。裁判と言ったって、被告はもう死亡している。そこで、墓をあばき、腐乱した死骸に教皇衣を着せて、法廷に引き出すこととなった。八九七年二月、椅子に固定された前教皇の骸骨に向かって、現教皇ステファヌスが審理の開始を宣言、「悪心に満ちたフォルモススよ、何故お前は教皇座を簒奪《さんだつ》したのか」と問いかける。弁護士役を仰せつかって死骸の横に立つ老助祭が、それにおずおずと抗弁し始めると、法廷内に詰めかけたスポレート派の法律家たちが一斉に騒ぎ立て、罵倒《ばとう》を浴びせる。フォルモススは予定通り有罪とされ、廃位を宣言され、前教皇の行った教皇庁の人事はすべて白紙に戻された。こうして審理が終わると、

J・P・ロラン『教皇フォルモススとステファヌス七世』（ナント美術館蔵）

死骸は教皇衣を剝がされ、かつて教皇として祝福を与えた右手の指三本を切り落とされ、首と胴を切り離されて、そのままテーヴェレ川に捨てられた。

こんな裁判はどこから見てもあまりにも無茶だから、世人が納得するはずはなかった。教皇ステファヌスはまもなく暗殺され、三代後の教皇はこの死体裁判を無効にした。だが、それで問題が解決したわけではなかった。この事件は、九世紀末のカトリック教皇庁の腐敗堕落を示す、一つのエピソードに過ぎなかったからである。

教皇や司教は世俗君主と変わらぬ生活を送り、大邸宅に住み、たらふく食べかつ飲み、狩猟を楽しみ、半ば公然と愛人を囲っていた。周辺の地方ボスたちの、この世俗権力を利用して利権をほしいままにしようとする策動は止むことなく、教皇庁はその策動にいつも巻き込まれる。マローツィアが生まれたのは、この腐臭に満ちた状況のただ中であった。

マローツィアの果てしない野望

父はスポレート派の貴族テオフィラット伯、マローツィアが物心ついた頃には、父はローマ貴族の代表者として、教皇庁に君臨していた。母テオドーラもなかなかのやり手で、この夫婦は協力して教会の世俗権力を私物化し、都合のよい人物を教皇に擁立し、自分たちの思うままに操った。彼らの擁立した教皇セルギウス三世は、あの死骸裁判を再び有効とし、フォルモススの名誉回復に賛成した聖職者や貴族を絞首刑にしたが、その陰には愛人の指嗾《しそう》があると、もっぱら噂された。その愛人とは、美しく成長したテオフィラット伯の娘、マローツィアである。両親はローマで最高の美女と評される我が娘を教皇の愛人とし、権力の道具としたが、娘のほうもそんな生活にすぐ適応したようだ。マローツィアはまもなく妊娠したが、その子の父がセルギウス教皇であることは、公然の秘密であった。

その教皇が亡くなると、中継ぎの教皇二人を置いて、ヨハネス十世が襲位するが、これはマローツィアの母テオドーラの愛人であった。その教皇ヨハネスの肝いりで、マローツィアは最初の夫を迎える。スポレート公アルベリコ、本土に侵攻してきたイスラム軍を破り、撃退した勇将である。この頃のマローツィアはすでにテオフィラット家の中心人物で、その美貌を利して教会の要人たちを巧みに操り、その権勢は両親をしのぐものがあったから、夫婦仲が好かったのかどうかはわからないが、二人の間に男児が生まれてまもなくアルベリコ公は病死。二年足らずの短い夫婦生活であった。マローツィアは若くして寡婦となったが、これだけの美人を周りが放っておくはずがなく、彼女自身も亡き夫を偲《しの》んで修道院に入ろうか、などと思う玉ではない。手に入れた権力を維持し強化するために、自分の美しさと魅力を最大限に利用するつもりだ。そこで目を付けたのがトスカーナ侯グイード、この結婚で教皇庁内の二大勢力、スポレート派とトスカーナ派を合体させ、自己のローマでの権力を磐石《ばんじゃく》のものとするつもりである。だがこれに待ったをかけたのが教皇ヨハネス十世だった。

ヨハネス教皇は野心家で好色、聖職者としてはとても立派とは言えないが、政治家としては相当の人物で、簡単にはマローツィアやその母の思いどおりにはならず、イタリア王で皇帝の冠も戴くフリウリ侯ベレンガリオと結んでテオフィラット一族を牽制、しばしばマローツィアの鼻をあかしていたから、こんな再婚には反対するのが当然だった。激突は避けられないと見たマローツィアが先手を打った。グイード侯をそそのかして教皇を捕らえさせ、退位を強制しただけでは飽き足りず、そのまま牢にぶち込んで、最後は殺してしまう。食物を与えず餓死させたという。

こうして邪魔者を消した二人は婚礼を挙げ、新しい教皇にはマローツィアの息子を擁立、ヨハネス十一世を名乗らせる。最初の結婚より前に生まれた子だが、故教皇セルギウスが実の父であると、誰でも知っていた。九三一年のことである。教皇が実子なのだからマローツィアの教皇庁内の実権は絶対的なものとなったが、この再婚生活も長くは続かなかった。新教皇の襲位後まもなく、グイード侯が原因不明の怪死を遂げたからである。たぶん彼らの専横を怒った政敵の仕業だったのだろうが、自分の言うとおりに動かなくなった夫をマローツィアが始末したのだ、という噂も流れた。事実、夫が亡くなるとすぐ、彼女は三度目の結婚を企てる。グイードは、教皇ヨハネス十世をなきものにするための道具に使われただけだった。

マローツィアの野望は果てしなくふくらみ、教皇の母、ローマの事実上の君主というだけでは満足できなくなっていた。イタリア王妃の地位を、そしてゆくゆくは神聖ローマ帝国皇妃の地位を、彼女は望んだ。イタリア王の称号を得てパヴィーアに君臨するプロヴァンスのウーゴは、亡夫の異母弟であるが、皇帝座への最短距離にある男だ。自分の息子である教皇が自分の新しい夫に戴冠する日を夢見つつ、彼女は巧みに自分の縁談を進めた。こうして九三二年、この物語の冒頭に記したあの聖天使城での「世紀の婚礼」が実現したわけである。

アルベリコの反逆

三度目の夫と聖天使城に新居を構えたマローツィア夫人には、連れ子がいた。最初の夫、スポレート公アルベリコの忘れ形見で、教皇ヨハネスの異父弟に当たり、父と同じ名で呼ばれていた。新しい父ウーゴ王は怒りっぽく粗暴な男だったから、最初からこの継子《ままこ》との関係はよくなかったようである。当時の年代記は二人の争いを次のように伝えている。

ウーゴ王は新妻の連れ子アルベリコを自分の小姓のように扱い、ある夕べ食卓でワインを注がせていたが、少年が粗相をして、酒瓶を取り落とし、割ってしまった。よほど大切にしていたワインだったのか、ウーゴは激怒してアルベリコを怒鳴りつけ、それでもおさまらずしたたかに平手打ちをくれたから、少年は憤然と部屋を去り、そのまま聖天使城の外へ走り出て、テーヴェレ川を渡り、ローマの街の暗闇《くらやみ》に姿を消した。この家出に、さすが乱暴なウーゴも少しは後悔したのか、猟犬の群れを連れて義理の息子を捜しに行かせたが、その行方はわからなかった。

その間にアルベリコはコロッセオの近くまで来ていた。辺りにいた民衆に継父の非道を訴えているうちに、大勢の市民が集まってきた。アルベリコは彼らに、ウーゴはローマを自分の本領のプロヴァンスに併合しようとしていると暴露し、蜂起《ほうき》を煽動《せんどう》し始めた。最近教会のほどこしが少なくなっていたのでむしゃくしゃしていた市民は、たちまちこれに同調、やがて手にあり合わせの棍棒《こんぼう》を握った群衆が、聖天使城に向かって行進を始める始末となった。

ウーゴは黒山のような群衆がテーヴェレ川を渡り、城に攻め寄せるのを見て胆《きも》を潰《つぶ》した。麾《き》下《か》の軍勢は市外に置いてあり、城の守りは手薄だった。だがウーゴが新婚の住まいを聖天使城に置いたのは正解だった。ローマにはこれ以上堅固な要塞はない。鉄の扉をしっかり閉じてしまえば、そう簡単に突破はされない。そうこうするうちに郊外の軍勢が助けに来るだろう。そう考えて、奥まった部屋でマローツィアと寝ることにしたが、外の騒ぎはますますひどくなり、群衆はいよいよ数を増しているようだった。これではたとえ援軍が来ても救出に成功する見込みは立たない。落ち着けなくなったウーゴ王は、聖天使城を完全に包囲される前に脱出するしか道はないと決心した。眠っているマローツィアを置き去りにして、窓から縄を垂らし、それを伝って外へ出て、馬に一鞭《ひとむち》、郊外の部隊と合流すると、そのままパヴィーアへと逃げ去った。

蜂起市民はついに扉を突破して城内に乱入、マローツィアはたちまち捕らえられ、実の息子の命令で牢獄《ろうごく》にぶち込まれた。こうなれば状況はアルベリコの思いのままである。母に続いて実の兄である教皇を逮捕し、ウーゴと母の結婚のため尽力した責任を問い、ラテラーノ宮に幽閉、厳しい監視下に置いた。こうしてアルベリコは共和制を宣言、みずからその元首となって、全権力を手中に収めたのである。西暦九三二年のことであった。

この話、かなり小説的な潤色があるようで、そのままでは受け取りにくい。その後の経緯を見れば、アルベリコが義父の小姓を務めるような少年であったわけはないし、年齢も二十代半ばにはなっていたろう。また、いくらローマの民衆が蜂起好きでも、親子《おやこ》喧嘩《げんか》の一方に同情して、それだけの大規模な暴動を、その夜のうちに起こせるはずもなかろうし、騒乱が三度の飯より好きなローマ貴族が、ただ傍観していたわけはないだろう。たぶん、マローツィア夫妻の支配をくつがえすべく、アルベリコが中心となって、秘密裡に周到に準備され、組織されていたものと考えたほうがよいだろうが、ウーゴ王とマローツィア夫人が完全に孤立して、事が起こった時にまったく為すすべがなかったことは事実である。

その後アルベリコが着々と打った手は、この暴動が十分に準備されていたことを物語っている。彼はまず、警察権力を一手に握り、ローマ市を十二区に分けてそのそれぞれに民兵団を置き、たっぷり給料を払って手なずけ、自分に忠誠を誓わせ、その上で市民のすべてにも忠誠を誓わせた。反抗する者は追放され、財産を没収された。没収した財産はすべて軍事費と警察力増強のために使われた。ウーゴ王が失った権力と投獄された妻を取り戻すために、パヴィーアから攻めてくることは確実だったからである。果たして翌年、ウーゴは軍を率いてローマを攻囲したが、町の守りは堅く、すごすご撤退せざるを得なかった。

こうして骨肉の争いに勝利を収めたアルベリコは、絶世の美女と謳われたマローツィアの息子だけに、なかなかの美男子だったというが、性格は冷酷で、実の母マローツィアを牢獄から解放しようとはせず、実の兄の教皇ヨハネス十一世も幽閉状態に置いたままで、儀式的な聖務のみを行わせた。教皇庁の実務はことごとく自分が指揮し、宗教裁判の権限すら自分の手に握った。教皇が九三六年早々に亡くなると、ベネディット派の修道士で聖徳の誉れ高いレオ七世が襲位したが、アルベリコ独裁体制のもとでは所詮《しょせん》操り人形として動くしかなかった。マローツィアは前年、獄中にて死去。権力の夢にとりつかれて過ごした生涯は、我が子にその夢を粉砕されて終わった。彼女がそれをどのように回顧したのか、何も記録はない。

九三六年、ウーゴ王は再びローマに攻め寄せた。今度も守りは堅く、アルベリコ指導下にローマは団結を崩さなかった。攻防続く間に、陣中にコレラ菌が荒れ狂い、兵士は次々に倒れ、戦争どころでなくなった。クリュニー修道院長オドの仲介で講和が結ばれることになり、その保証として縁組みが提案された。すなわちウーゴの娘アルダとアルベリコを結婚させようというのである。ウーゴの前妻から生まれた娘で、もちろんマローツィアの子ではない。アルベリコはこの提案を受け入れたから、再びウーゴを義父と仰いだことになるが、結婚式にはその舅《しゅうと》を招待しなかった。それを口実にウーゴが軍を市内に入れ、ローマ制圧を企てるのではないかと警戒したのである。アルベリコは母と同じく権力にとりつかれていたが、母よりもずっと慎重であった。ウーゴ王は九四一年、三たびローマに侵攻したが、今度も義理の息子の鉄壁の陣に阻まれ、空しくパヴィーアに撤退。だがここでも王冠と利権をめぐって騒乱が絶えず、無益な戦いに疲れ果てて病没する。

かくして孫にも教皇冠

アルベリコの独裁支配は二十年以上続き、北イタリア各地が争乱に明け暮れていた間、ローマは平和を保った。レオ七世の後に三人の教皇が次々に聖ペテロの座を占めたが、いずれもアルベリコにがっちり尻尾を摑《つか》まれていて、その思い通りに動かされた。ウーゴ王の娘でアルベリコの妻となったアルダは、男の子を一人産んでいたが、そのオッタヴィアーノが成年に達したとき、アルベリコはローマの貴族や市民の有力者をサン・ピエトロ大聖堂に集め、現教皇逝去の際は、我が子オッタヴィアーノを教皇に推挙するよう約束させ、祭壇に向かってそれを誓言させた。それからまもなく独裁者は赤痢で世を去った。九五四年のことである。年齢は正確にはわからないが、あの市民暴動の年に二十五歳だったとしても、まだ五十歳には満たなかったはずである。平均死亡年齢がかなり低かった時代のことだから、それでも別に早死にとは見なされなかった。

その翌年早々教皇アガペトゥス二世も病没。急死だったから、毒殺ではないかと噂が流れた。後任はアルベリコの遺志に沿ってオッタヴィアーノと決まった。若い新教皇は伯父と同じ名を名のって、教皇冠を受けた。すなわちヨハネス十二世である。かつてマローツィアは、美貌と才知を駆使して我が子を教皇座に就けるのに成功したが、こうしてここに、彼女の孫もまた、西欧キリスト教世界の最高峰を極めたわけである。彼女がここまで生き延びていたら、どう感じたであろうか。ともかく、マローツィア夫人とその息子たちの物語は、ここで終わる。

だが、彼女とその息子たち、特にアルベリコの行ったことを、歴史的に評価せよと言われたら、困ってしまう。ヨーロッパ世界がどん底の状態に呻吟するなかで、カトリック教会という一個の宗教団体が、世俗権力をも担う役回りを引き受けたときに、すでに予定されていた腐敗と抗争が、血で血を洗う骨肉の争いとなって具体化した、とでも言うほかはない。政治的にいえば、アルベリコの独裁は成功で、ローマはその独立を確保しながら、二十数年間の平和と安定を享受したのである。だが、宗教人としては言語道断というべき所行を、彼も、その母と同じく何度も繰り返し、カトリック教皇庁の道徳的威信を地に落として、心ある聖職者や信徒の顰蹙《ひんしゅく》と憤激を買った。このままではカトリック教会の将来はない。そう考える真面目な信徒の動きが、そろそろ始まろうとしていた。教皇庁とローマがかくも腐敗しているとき、その動きの中心となるのは、当然修道院ということになる。

フランスはブルゴーニュの、クリュニー修道院には、現状を憂える修道士がヨーロッパ中から集まってきていた。祈りと労働の集団生活の中で、教会革新、風紀刷新の声は、しだいにその力を強めていった。ここを拠点として全西欧に広がる革新運動が、カトリック教会を不死鳥のように立ち直らせ、かつてない威信を確立することになる。

第四話　異端者アルナルドの物語

十字軍の時代

話は十二世紀中葉へ飛ぶ。マローツィアが獄中に没した時から約二百年の後である。イタリアとヨーロッパの状況は、その間に大きく様変わりした。想像力の翼に乗って、上空からその様子を俯瞰《ふかん》してみよう。

まず目立つのは、耕地が広くなったことだ。マローツィアの時代には鬱蒼《うっそう》とした森林であったり、泥濘《でいねい》の荒れ地だったりしたところが、イタリアでもフランスでもドイツでも、緑豊かな耕地となって、作物を実らせている。ポー川の流域は広々と麦畑が続き、運河も掘られて、貨物が運ばれている。至る所で開墾や干拓の事業が展開され、修道士がそれを指導する姿もしばしば見られる。

火の消えたようだったイタリア諸市も今は活気づき、町の規模が拡大し、古い城壁を壊して市域を広げているところも多い。特に港町では、船の出入りも繁《しげ》くなり、アジアやアフリカの珍しい物産も運ばれてきて、商人の動きが慌ただしい。武装した騎士たちとその従者が、鎧《よろい》かぶとの金属音を響かせながら船出する。目指すは聖地エルサレム、敵はイスラム異教徒軍。こうした十字軍兵士の出陣は、もう珍しいことではなくなっている。ヨーロッパは数百年の眠りから覚めたのである。各地にロマネスク様式の大聖堂が次々に建立される。ヴェネツィアのサン・マルコ大聖堂はすでにその偉容を誇っているし、ピサでは一〇六三年の対イスラム海戦の勝利を記念して、大聖堂、洗礼堂、鐘楼、共同墓地を擁する「奇蹟の広場」の造営が、地盤の弱さに苦しめられながらも、着々と進行している。モデナ、ピアチェンツァ、パルマなど内陸都市にも、立派な大聖堂が完成し、市民の誇りとなっている。人々は新しい富の成果を、まず彼らの「神の家」の建立と装飾に捧げようとしたのである。

どうしてこうなったのか、何がこの活力を生み出したのかは、答えられない疑問である。なぜなら歴史の流れやそのうねりは、単一の、またはいくつかの原因で説明できるものではなく、ある状況の中で無数に働く力が一つの合力に結果する、としか言いようがないからだ。だがその合力が、中世ヨーロッパの場合は、まず農業の振興に向かい、それによって生まれた経済力が、その後に起こるすべての基盤となったことは確かである。農業の拡大と生産性の向上から生ずる余剰の作物が市場に出され、それが商工業の基盤となり、人々はもはや必ずしも土地に縛り付けられなくてもよくなる。貨幣が流通するようになると、都市も活気を呈して、周辺農村から流れ込む人の数も増えてくる。この循環の中で、社会に元気がみなぎり、心は外へ向かうようになる。今までイスラム水軍やノルマン海賊に痛めつけられていたヨーロッパが、防御から攻勢に転ずる。その最も目立つあらわれが十字軍である。

ピサの「奇蹟の広場」

事実この三百年の間に、地中海域の地図も相当変化を見せている。イベリア半島の支配者だったイスラム勢力は、今は南部に押し戻され、ピレネー山地からポルトガルにかけて、キリスト教圏が拡大しているし、シチリア島も、改宗したノルマン人の武力で、キリスト教圏に回復された。サルデーニャ、コルシカも、今はピサの植民地となっている。地中海はもはやイスラムの海とは言えなくなり、ピサ、アマルフィ、ジェノヴァ、ヴェネツィアの商船が、大手を振って行き来している。聖地エルサレム奪回を目指して近東に攻め込んだキリスト教軍は、苦戦を強いられながらも、一定の領域を確保することに成功している。この十字軍は、教皇の最高指揮下に「聖戦」をたたかうのであるから、カトリック教会もそれなりの威信を取り戻したのである。マローツィア時代の惨状であれば、そんなイニシャティヴが取れるわけはない。クリュニー修道院出身の教皇が何人も出て、風紀と組織の刷新に成功し、教皇グレゴリウス七世が皇帝ハインリヒ四世を跪《ひざまず》かせたあの「カノッサの屈辱」に至って、教皇庁の威信は頂点に達したのである。

コムーネと修道院

だがもう少し十二世紀イタリアの風景に近づいてみよう。丘の上に城が見える。ここに領主とその一族郎党が居を構えている。領主はたいていはランゴバルド族かフランク族の出身だが、完全にイタリア化して、イタリア語を話す。いや、ほとんどはイタリア語しか話せない。彼は付近一帯の土地に絶対的な支配権を振るっているが、思うようにならないのが都市の町人たちである。

そこで都市に視線を移そう。都市は平地か、領主の山塞より多少は低い丘の上にあり、城壁で周囲を囲っている。中心部に聖堂があり、その近くに「コムーネ」の建物がある。コムーネというのは、それら町人の自治組織であり、領主の権力から独立した行政機構である。この組織に拠って彼らは、領主の支配に対抗している。領主の軍勢が攻め寄せてくれば、教会堂とコムーネの鐘が鳴り響き、市民は武装して広場に集まり、命をかけて町を守る。領主が都市の攻略に成功することはめったになく、その逆に、市民が武装して領主の山塞を襲い、めちゃめちゃに打ち壊すケースがしだいに増えていく。イタリアにはそんなコムーネがすでに百以上もできていた。コムーネの指導機関に選出される層は限定されていたから、民主的とはとても言えないが、ともかくも共和制で、市民代表の合議によってすべてが決定されたから、無知無教養な貴族領主の専制支配よりずっとましで、市民はそれを誇りに思った。

そう言うといいことずくめのように見えるが、もちろん暗黒面もコムーネにはある。最初は町のヴォランタリーな世話役でしかなかったコムーネの役員が、しだいに権力をもつようになると、そこに商売上の利権がつきまとうことになり、そうなれば共和合議の体制だけに、意見の違いが党派争いに発展し、党派争いは血を見ずにはおさまらないことになり、広場で殺し合うことになる。三権分立というような名案はまだ誰も思いつかなかったので、司法警察も権力の具としてしか機能しないのである。これを何とかしようとすれば、隣りのコムーネとの争いに転化するしかない。軍勢を雇い入れて隣町を襲い、それを自市に服属させようとする動きがしだいに目立ってくる。商売上の利益がからむので、これも容易にはおさまらない。ピサのような海港都市は、内陸部ではルッカやシエナ、海上ではジェノヴァやヴェネツィアと、覇権を争わなければならないから、楽ではないのである。

ここでカトリック教会に目を移そう。教皇庁の威信が高まったということは、教会の世俗権力が強まったことをも意味する。事実、十一世紀から十二世紀にかけての経済革命と、十字軍遠征で、最も大きな富を獲得したのは、ほかならぬカトリック教会だったのである。高位聖職者は軒並みに富裕になり、広大な土地を所有して、領主以上に贅沢《ぜいたく》な暮らしをする。都市のコムーネにも強い影響力を持っているので、その世俗権力は肥大するばかりである。修道院も例外ではない。かつて清貧と苦行の代名詞であった修道院も、今は豊かな生活を享受できる結構な楽園になっているところが多い。修道院長はたいてい太鼓腹の恰幅のよい姿に描かれるようになったが、これはうまいものを食い過ぎるからである。粗衣粗食は昔の物語になってしまっている。こうした変化をどうしても納得できないのは、下層の民衆であり、一般信徒である。こうしてまったく新しいかたちの「異端」が、そろそろ出現し始めている。

パリの思想革命

十字軍の遠征は、文化にも大きな影響をもたらした。何しろイスラム世界のほうが経済的な豊かさでも、文化的な洗練度でも、はるかにキリスト教世界をリードしていたのである。古代ギリシャ・ローマの学問や芸術も、イスラム世界のほうがよく保存され、継承されていた。十字軍の将兵の中でも多少センスに恵まれた者ならば、自分たちがいかにも田舎じみており、遅れていると感じないわけにはいかなかった。聖地を野蛮な異教徒から奪回するのだという意気込みで出かけた彼らは、新しい文化の香りを身につけて戻ってくるようになる。もはや彼らは、「非合理ゆえに我信ず」という、中世キリスト教の神秘主義には満足できなくなっていた。こうして、ヨーロッパ文化に、新しい合理主義の風が吹き始める。十字軍は、最初の提唱・組織者がフランス人の教皇ウルバヌス二世だったこともあり、主体はフランス人だったから、十二世紀の思想革命もまたフランスで始まった。

新しい合理的な学問の、最初の代表者となったのは、パリの神学教授アベラール（一〇七九〜一一四二）である。彼は、キリスト教の教理は合理的に説明することが可能であると説く。人間の知性によって、理解して信ずることができる、というのである。これに対して、神の摂理はあさはかな人間の思考によって理解できるものではない、というのが、大教皇グレゴリウスの教えであり、うわついた合理主義の跋扈《ばっこ》を許してはならない、と考える保守主義者の勢力も強かった。こちらの代表選手も同じくフランス人の聖者ベルナール（一〇九〇〜一一五三）である。どこにでも侵入するあつかましい知性に、彼は不信の念を強め、警戒心を高めた。聖なる神秘を理性で説明しようとするのは、単に愚かであるばかりでなく、不敬であり、異端である、と彼は考えたのである。

異端の嫌疑を受けながら、アベラールは講義を続けた。その講義に熱心に通う学生の中に一人のイタリア人がいた。ロンバルディーアのコムーネ、ブレッシャから来た、アルナルドという名の修道士であった。

アルナルド・ダ・ブレッシャ、この時代の常として、生年はわからず、父母がどんな人だったのかもまったくわからない。ブレッシャから来たから「ダ・ブレッシャ」と呼ばれたので、通常の意味の姓ではない。ただ彼が一一一九年の初めにはパリにいて、アベラール教授の教えを受けており、その年のうちに郷里ブレッシャへ戻ったことは知られている。だが、これだけでも相当のことがわかるのである。

まず、食うために役立つわけでもなく、立身出世のためにはかえって害になるような学者の教えを乞うために、遠路はるばるパリにやってくる青年がたくさんいた、ということがわかる。マローツィアの時代には考えられなかったことだ。知識を得たい、新しい思想に触れたいという熱望が、聖職者や修道士以外の世俗の若者たちの心をも燃やし始めていたのだ。ヨーロッパ各地に大学ができ、それが盛況を極めるようになるのは、もうすぐである。

第二に、そうした熱望に動かされて旅を思い立てば、何とか安全に目的地へ着くことができるようになっていた、ということだ。ヨーロッパの交通は、着々と回復していた。古代ローマ人がその天才的な土木技術を駆使して作り上げた大街道は、千年の風雪に耐え、蛮族の破壊にも耐えて、何とか生き残っていたし、海上の交通も可能になっていた。いちばん安全な交通路は河川で、小型の船がヨーロッパ各地の河川を上り下りして、旅客や貨物を運んでいた。そしてその街道沿いや川沿いの町では、旅館や食堂などのサービスも受けられるようになり始めていた。こうした交通路の回復を利して、商業ルートも遠くへと広がる。冒険的な商人たちが、さらに遠くへ、さらに遠くへと、通商路を切り開き、次の世紀のマルコ・ポーロの大旅行を準備する。彼らに資金を融通する銀行業も、ジェノヴァ、ヴェネツィア、フィレンツェ、シエナなどで、徐々に形成され始めていた。

アベラールとエロイーズ

ところで、アルナルドのパリ滞在の最後の年、一一一九年には、師アベラールの身の上に大事件が起こっている。この神学者には恋人があり、子供も生まれていた。その恋人はエロイーズという名で、学問の好きな、美しい娘だったが、叔父フュルベールに養われていた。アベラールはそのフュルベールの家に下宿していたので、二人はすぐに激しく愛し合う仲となったが、叔父はそんなふしだらなことは許せないと思った。アベラールはエロイーズと結婚したが、宗教界での立身を夢見る彼は、この結婚を公表せず、下宿をよそに移して、別居してしまったから、フュルベールは彼が姪を弄《もてあそ》んでやがて捨てるつもりだと誤解し、姪がそんな男の言うなりになって日陰の身に満足しているのが許せず、彼女を責め立て、しばしば折檻《せっかん》に及んだ。それに耐えかねたアベラールは、妻が叔父の家を出て、修道院に身を隠すよう取りはからった。これを知ったフュルベールは激怒し、復讐を誓った。アベラール自身の回想によると、「フュルベールとその一族がこれを知ると、私がエロイーズを厄介払いするため修道女になるよう強制したのだと信じ、だまされたと思い、激怒して復讐を企てた。ある夜、私が下宿の奥の部屋で眠っていたとき、彼らは召使いを買収して侵入し、残酷きわまりない恥ずべき意趣返しをした。つまり、彼らは苦しみの原因となった私の体の一部を切り取ってしまったのである」。こうして男性でなくなってしまった神学者に、パリ中の同情が注がれ、学生は師を慰めるために集会を開いたが、「この醜聞は地の果てまで伝わるだろう」と考えたアベラールは絶望して、修道院に入ってしまい、講義は中断された。エロイーズも修道女となり、二人の関係は純粋に精神的な愛となり、彼らの往復書簡は世界文学の古典となり、永久に讃えられる西洋型恋愛の模範となるのだが、

アベラールとエロイーズ（『薔薇物語』より。大英図書館蔵）

この時期のアベラールは自分が世間の物笑いになったと信じ、絶望の淵に喘《あえ》いでいた。アルナルドが故郷へ帰ったのは、師の講義が中断されたからであろう。師の受難をどのように受け止めたかはわからないが、神学説よりも、教会と聖職者の腐敗や不正に対するアベラールの鋭い批判に、より強く影響されたように思われる。

ブレッシャに帰ってある修道院の院長となったアルナルドは、すでに教会批判、教会改革の観点を明確にしていた。カトリック教会は原点に戻るべきだ、教皇や高位聖職者が土地を領有し、世俗権力を行使し、政治に口出しすることは、福音の思想にもとる。このように彼は説き、真っ向から教皇の世俗権力を否定したから、ブレッシャの大司教は困惑し、警戒し、ついには激怒した。アルナルドは異端審問にかけられ、一一三九年、市からの退去を申し渡され、アルプスを越えて流浪の旅に出なければならなくなった。背後に、シトー修道会の事実上の創始者聖ベルナールの指導する保守派の、執拗《しつよう》かつ信念に満ちた圧力があったことは確かだ。この聖者は機会あるごとに教皇に手紙で訴え、アルナルドを「新時代のゴリアテ」と呼び、永久に修道院内に監禁するのがよろしいと勧めている。彼にとってアルナルドは、アベラールの弟子の中でも最悪の危険分子なのであり、彼の立場からすればその判断は間違っていなかった。

そのアベラールも、一年間の修道院生活の中ですっかり元気回復し、エロイーズの手紙にも励まされて、講義を再開し、著述活動も続けていた。一一二〇年、三位一体を論じた著書の中で、彼はこう書いている。

私はこの書を学生のために書いた。学生は常に理性的な説明を求め、単なる言葉よりも納得できる道理を求めているからである。

だが、カトリックの教義の中でも最もデリケートな神秘である「三位一体説」を理性的に説明しようとする企ては、保守派の憤激と教会の警戒心を呼び起こさずにはいなかった。一一二一年、アベラールはソワッソンに呼び出され、審問を受けさせられた。何とか異端と決めつけられることは免れたが、「アベラールは父なる神が一人でなく、三人おわしますと説いている」という煽動を真に受けた民衆から、石を投げつけられた。それでもアベラールの思想が弾圧されず、講義と著述を続けることができたのは、一つには彼が神学上の問題に限定して発言し、教会や聖職者に対する攻撃を控えたためだが、もう一つには、教会内部にも彼に同情し同調する勢力があって、無視できない力を持ち始めていたからである。保守派の人々はそれをカトリック教会の危機と考え、攻勢を強めようとしていたから、真っ向から教皇や教会を批判するアルナルドが、まず槍玉《やりだま》に挙げられたのは当然と言えよう。

彼らのアルナルドに対する憎しみは強かった。その一人、フライジンクのオットーは彼を「羊の皮をかぶった狼《おおかみ》」と呼んでいたし、聖者ベルナールも「アルナルドは悪魔のパンしか食わず、人間の生き血しか飲まない」と書いている。イタリアから追放されたアルナルドはパリに出て、神学の塾を開いて生計を立てたが、迫害者は執念深く攻撃を続け、フランス国王は彼を国外追放処分とした。

スイスのチューリヒに移った改革者は、そこでグイード枢機卿にかくまわれた。グイードとはパリでともにアベラール教授に学んだ学友の間柄だった。やれやれと安心したのも束の間、聖ベルナールの手紙がすぐに舞い込んできた。

グイード殿、アルナルドの言葉は蜜《みつ》のように甘いが、その教説には毒が含まれておりますぞ。アルナルドの顔は鳩《はと》のように柔和だが、その爪《つめ》は蠍《さそり》のように刺しますぞ。ブレッシャが吐き出し、ローマが忌み嫌い、パリが追い立て、ドイツが呪《のろ》い、イタリアが追放したそのアルナルドが、今貴殿のもとに潜んでいると聞く。それは貴殿の職務の権威をも損ないかねませぬぞ。あの男をかくまうことは、そのまま教皇様と神様に対する裏切りですぞ。

ピアチェンツァ大聖堂　イタリア・ロマネスク聖堂の代表例。

これは一種の脅迫状だが、グイードがそれにどう反応したかはわからない。ただこの後数年間、アルナルドが行方をくらましていたことは確かである。

その間、アベラールに対する攻撃も執拗に続けられた。何人もの司祭や神学者や修道士が彼を異端として告発し、処分を要求する。それに耐えかねたアベラールは、自分に弁明の機会を与えてほしいと、サンス大司教に宛てて請願した。こうして一一四〇年夏、サンスの教会会議がこの問題に決着を付ける舞台となったのである。フランス国王臨席のもとに、何十人もの高位聖職者が出席、その中に聖ベルナールの顔もあった。この聖者はリューマチを患っていて、不自由な足を引きずって会議場に姿を現したが、民衆の人気は絶大だった。ベルナール様に逆らう奴と見なされたアベラールは、うかうか通りを歩くこともできなかった。会議はアベラールの著書を審査し、その思想を十六箇条にわたって否定し、異端と断じた。保守派は凱歌《がいか》を挙げた。教皇はサンス会議の決定を承認し、修道院に隠棲《いんせい》して沈黙を守ることを命じた。教皇に抗議しようと、ローマをめざして出発したアベラールは、旅の途中で病にたおれ、クリュニー修道院に身を寄せた。そこでは一切の学問活動から離れ、愛するエロイーズとの手紙のやりとりだけを慰めとした。エロイーズは修道女として信仰に献身し、高徳の誉れ高く、同輩にも民衆にも親しまれ、慕われて、院長に任命されていた。

神の御名にかけて、私のすべてである人よ、あなたを私の心の中によみがえらせるために、どんな形でもいい、お手紙を下さいませ。

彼女はアベラールへの手紙の末尾にこう書いている。一一四二年四月、アベラールは静かに世を去った。その三年後、改革者アルナルドは、忽然《こつぜん》としてローマに姿を現す。そこには革命の嵐が吹き荒れていた。

反教皇闘争の理念

ローマで燃えさかっていた革命は、イタリアの他の諸都市と同じく、市民自治を要求する運動、つまりコムーネ闘争であった。だがローマは他の都市とはだいぶ事情を異にしていた。

　現在もそうだがローマには、観光産業を除けば、これといった産業はかつて存在したことがない。だから、他の都市のコムーネ運動の中核となったブルジョア、つまり商人階級の層がきわめて薄い。大部分の住民が教会の施与と、巡礼の落とす金で食べていたのである。

第二に、コムーネ闘争といえば敵は領主貴族だが、ローマの領主はカトリック教会の長、すなわち教皇であって、貴族ではない。ローマの住人はユダヤ人以外は皆カトリック教徒だから、自分の属する宗教団体の長に叛旗《はんき》をひるがえすことになる。これだけ闘争に不利な条件が揃っているのに、革命運動の火の手が上がったところを見れば、世俗君主としての教皇の統治が相当の悪政であったとしか考えられない。常々教皇庁と結託して市民を抑圧してきたローマ貴族の中からも、この叛乱に同調する者が現れたほどである。ジョルダーノ・ピエルレオーネ、次期教皇の座をも狙おうかという名門の当主だから、たちまちこの叛乱の指導者に担ぎ上げられた。

　アルナルドはこの騒ぎの中に飛び込んできたわけだが、どうやら彼はそれ以前からこの闘争の思想的支柱だったらしい。「羊の皮をかぶった狼」とか、「鳩のように柔和な顔をして蠍のように刺す」とか、敵手たちから評されていたのだから、普段は穏やかな人柄だったのだろうが、事が宗教と社会の大義に及べば、その目は燃え、その舌鋒《ぜっぽう》は火を噴いたのである。神父様に逆らえばミサにも出られず、臨終の聖体も受けられず、地獄へ落ちなければならないと恐れる人々に対して、世俗権力に骨がらみとなって腐敗堕落した聖職者の主宰するミサは無効だと、アルナルドは断言した。そのような神父の、罪に汚れた手によって、パンがキリストの肉体に、葡萄《ぶどう》酒がキリストの血に、どうして変わることがあろうか。五百年後の宗教改革者の言い分を、彼は先取りしていた。

さらにアルナルドは、この反教皇の闘争に理念を与え、大義名分を創り出す。教会は世俗権力を持つべきではないのだ。教皇は霊魂の救済者であっても、肉体の支配者ではないはずだ。イエスが権力を目指したか、聖書のどこに世俗権力を教会が担えと書いてあるか。世俗権力はカトリック教会を毒し、聖職者を腐敗させ、真面目な信徒を絶望させてきたではないか。さすれば、この革命を成功させることは、キリスト教を正道にもどし、教会を泥沼から救い出すことなのである。教皇はローマの支配権を放棄しなければならぬ。カエサルのものはカエサルに返せ。だが、その後ローマをどうするのか。市民自治といっても、他の都市のように、その中核となる職能組織が確立しているわけでもないし、この叛乱の首領は商人でなく、れっきとした貴族のピエルレオーネだ。しかし、心配は無用。ローマには他の都市にない、そして他の都市よりはるかに古い、自治の伝統があるではないか。そう、それは古代ローマの共和政であり、その制度的中核であった元老院の伝統である。帝政の時代にも、また蛮族の統治下でも、ローマの元老院は絶えることなく続いてきたではないか。古代に帰れ。貴族と平民が協和一致した元老院統治を再興せよ。

叛乱者は勇気づき、武装してカンピドリオの丘に立てこもって、ピエルレオーネを元老院議長に選出し、ローマの元首の権力を与えることとした。この丘こそは、二千年前からローマ元老院の所在地であり、市民共和の栄光にみちみちた場所である。

混乱の六年間

この前年、新たに教皇に選ばれたルキウス二世は、もちろんこんな運動を容認することはできなかった。世俗権力を捨てよということは、かのグレゴリウス大教皇が敷いたカトリック教会の基本路線を放棄せよというに等しい。異端者アルナルドの煽動に踊らされる暴徒の群れを、これ以上のさばらせるわけにはいかぬ。猪突猛進の人であったルキウスは、大部分のローマ貴族の応援を受けて、カンピドリオの丘を攻囲し、暴動を鎮圧しようとしたが、抵抗は熾烈《しれつ》を極める。業を煮やした教皇が最前線へ督励に出たところへ、敵陣から石つぶてが飛んできて、教皇の頭を直撃。顔面を血に染めて気絶したルキウスは、近くの修道院に運ばれたが、ついに意識を回復することなく、数日後、帰らぬ人となった。

教皇戦死。この報知は叛乱者を勢いづかせ、全西欧の正統保守派に深刻な危機感を抱かせた。直ちに教皇選挙会が開かれ、聖ベルナールの弟子であったピサの修道院長が選ばれ、新教皇エウゲニウス三世となる。だがすでにローマは混乱状態にあり、新教皇は戴冠のためにサン・ピエトロ大聖堂に向かったが、叛乱軍に阻止されて果たさず、そのままローマを放棄して、ヴィテルボへと難を避けねばならなかった。

古代に帰れと言ってみても、今さら元老院政治ができるわけもなく、キリスト教の首都は混沌《こんとん》とした無政府状態に陥り、正真正銘の暴徒の群れが、町中を略奪して歩いていた。聖ベルナールは憤激して、「ローマ人は傲慢《ごうまん》にして貪欲、虚栄に生き、悪を勧め、人道にもとり、うそつきで裏切り者だ」と吠《ほ》え立てたが、その彼ですら、事態を力で押さえつけることは不可能だと考えており、和平の道を探り始めていた。

混乱が続く間に、一方のピエルレオーネも、この闘争の限界を悟り始めていた。巡礼も来ず、教会の施しもない状態では、ローマという都市の生活は成り立たない。とりあえず何としてでも秩序を回復しなければならない。そう考えた叛乱の首領は、ひそかに教皇陣営との和平の道を探り、その一方でシチリアのノルマン王朝に訴えて、その軍勢をローマに呼び寄せ、その力で治安を回復しようと企てた。それに気付いた叛乱者たちは彼を裏切り者として糾弾、ピエルレオーネは一族郎党とともに聖天使城に立てこもったから、事態はますます混迷の度を深めたが、教皇側にも打開の方策は立たなかった。

こうなれば頼りになるのは神聖ローマ皇帝しかない、という理屈になる。皇帝は、少なくとも形式的には、全ヨーロッパを統《す》べる立場だし、教会側からすれば、教皇が難に遭っているときにそれを救出するのは、皇帝の義務なのである。元老院と教皇のどちらの側からもローマ進軍を懇請されて、皇帝はどうしてよいかわからず、決定を先送りにした。こうして混乱のまま六年の歳月が過ぎ、ローマには疫病が蔓延《まんえん》し始めた。アルナルドは相変わらず、コロッセオで、コンスタンティヌス凱旋門やトラヤヌス記念塔の下で、教会の刷新を説き、ラテンの詩句を引いて古代ローマの栄光を讃え、熱弁を振るっていたが、こうなれば、和を結ぶ以外に道はない。

宗教改革者の命運

一一五二年和平協定成立、元老院による市民自治を合法と認めるという条件を呑んで、教皇はローマへ無事帰還、まもなく病没。聖ベルナールも続いて世を去った。それより前に皇帝コントラートも亡くなっていたから、主役交替の時が来たわけだ。新しい皇帝にも教皇にも、前任者とちがって能力と器量にすぐれた人物が就任したから、展望は一挙に開けた。新皇帝は「赤髭《あかひげ》」で有名なフリードリヒ一世、信望厚いドイツの名将である。新教皇はハドリアヌス四世、イングランドの田舎司祭の子として生まれ、苦労を重ねて聖界で経験を積んだ人で、歴史上後にも先にもただ一人の英国人教皇だが、なかなかの政治家だった。そして彼も、また赤髭の皇帝も、ローマの市民自治など、許すつもりはさらさらなかったのである。

警戒心を強めたアルナルドと元老院は、ハドリアヌスの教皇就任を認めないと宣言したが、すでに皇帝の援助を取り付けていた教皇は、強烈なカウンターパンチを嚙《か》ませてきた。教皇庁も元老院自治などは認めず、異端者アルナルドの追放を命ずる、と言ったのである。果然、緊張高まる中で、一人の枢機卿が路上で暗殺されるという事件が起こった。教皇ハドリアヌスはこの事件を機にローマ市民の責を問い、全市に聖務停止を命ずる。教皇のお膝元であるローマにこのような懲罰が下されるのは初めてのことだった。聖務停止とは要するに神父のゼネストであって、ミサも挙げられなければ婚礼も葬儀もできず、死者を教会堂に葬ることさえできない。新生児の洗礼と臨終者の聖体拝受だけは例外として行われることになったが、それでも市民生活の重要な部分が麻痺《まひ》状態に陥る。三日間の聖務停止で、ローマの住民は音を上げた。

四日目、女性や老人も加えた市民のデモ隊が、十字架と蠟燭《ろうそく》を掲げてカンピドリオに押し寄せ、ばかげた革命騒動をやめ、教皇様のご意向に従うようにと強制。群衆の怒りを恐れた元老院は、アルナルドの追放を認め、聖務停止処分の解除を教皇に懇請する。無条件降伏と同じであるが、すでに皇帝軍もローマへと進軍を開始していたのである。直ちにアルナルドは引き立てられ、かつては彼に歓呼と喝采を送ったローマの民衆から、石つぶてと罵声を浴びて、市の門外に叩き出された。教皇ハドリアヌスは慎重にローマを離れ、ヴィテルボで皇帝軍と合流したが、教皇から皇帝への最初の要請は、近郊の城にかくまわれたアルナルドの逮捕であった。赤髭皇帝は部下を派遣してなんなくブレッシャの改革者を逮捕、教皇に引き渡す。こうしてイタリア最初の宗教改革者の命運は尽きた。

教皇は皇帝軍とともにローマに帰り、完全に市を制圧した。革命の志を捨てない者たちはなお果敢に抵抗したが、フリードリヒ帝の武力の前には壊滅以外の道はなかった。異端審問所はアルナルド・ダ・ブレッシャを異端と断定、絞首の上火刑に処し、死灰はテーヴェレ川に捨てられた。西暦一一五五年のことであった。

第五話　教皇ボニファティウス八世の物語

絶頂期のカトリック教会

西暦一三〇〇年、十三世紀の終わりの年、ローマはここ数百年間見られなかったほどの平和な賑わいに満ちていた。キリスト教の首都であるこの町に、次から次へと巡礼の群れが訪れ、市内の名刹《めいさつ》を回り、祈りを捧げ、喜捨をほどこす。それがまる一年も続くのだから、ローマの経済は大いにうるおい、市民は笑いが止まらない。一ヵ月平均三万の巡礼を受け入れたというから、この時代とすれば大変な人数である。連日の祝祭にローマはわき返っていた。

これが最初の「聖年祭」であった。キリスト生誕後千三百年というめでたい年を祝賀するカトリック教会の祭典で、その後も百年ごとに催され、やがて五十年おきになり、現在では二十五年おきとなっている。ヴァティカンとローマ商人にとってまったくありがたいこのイベントを発案したのは、ローマ出身の教皇、ボニファティウス八世である。

一三〇〇年、ローマ・カトリック教会の権威は絶頂に達していた。インノケンティウス三世からグレゴリウス十世まで約八十年間、決断と実行の力に秀でた教皇の治世が続き、カトリック教会は危機を脱して大きくその力を伸ばしたのである。恐るべき実力皇帝フェデリーコ(ドイツ語読みでフリードリヒ)二世との死闘に耐え、フランス王家と結んでついにイタリアから完全にドイツ勢力を駆逐したのは、一二六八年のことである。こうしてヨーロッパ世界の権威の基軸は、皇帝側から教皇側へと大きく傾いた。教会にとって皇帝よりも危険な敵であった内部の異端・分裂の動きも、聖フランチェスコと聖ドメニコをはじめとする新しい型の聖者を育成することによって信徒の心をカトリック教会につなぎ止め、托鉢《たくはつ》修道の道を是認することによって修道会活動を革新し、その一方でアルビ派やアルナルド派などの過激な異端運動に対しては、武力によって徹底的に弾圧を加えて、沈静させることに成功した。

さらに、教義と神学の面でも、碩学《せきがく》のドメニコ会士トンマーゾ・ダクイノ（英語読みでトーマス・アクィナス）の努力が、大著『神学大全』となって実を結び、アリストテレス研究の成果を取り入れ、合理と神秘のバランスを絶妙に保つことに成功したから、教会は新しい時代に適した新しいイデオロギーをそこから汲み上げるようになり、アベラールの感じていた不満もかなりの程度に解消されることとなった。この間にも十字軍の大規模な近東への出撃は、教皇の主導下に回を重ね、諸王諸侯を動員して、西方カトリック世界の力を誇示していたし、イベリア半島でもカトリック勢力が、徐々にイスラム勢を南へと追い詰めつつあった。

この中で、もはや教皇の世俗権力に対して異議をはさむ者はなく、教皇を頂点とするヨーロッパの統一さえ、まんざらの夢想とは言えない状態になっていた。

その上、この期間には、ヨーロッパ経済は右肩上がりの上昇を続けている。十三世紀はいわば、ヨーロッパ中世の高度成長期であった。農地の開発拡大はさすがに頭打ちの傾向を見せ始めたとはいえ、各国の海港都市を中心とする商業貿易は発展を続け、特に新興ヴェネツィア商人の活躍はすさまじかった。その一人、マルコ・ポーロの東方大旅行も、このヴェネツィア商業の活況から生み出された冒険なのである。一方、毛織物を中心とするアパレル産業もフィレンツェを中心として大きく伸び、イングランドの羊毛を輸入して加工し、それをまた各国の宮廷に売りさばくために、アルノ川を上り下りする船の動きも繁くなっていた。そうした経済活動によって蓄積された貨幣は、当然運用されねばならないから、フィレンツェ、ヴェネツィア、ジェノヴァ、シエナ等の都市には金融業が発展し、これら諸市の大銀行

教皇ボニファティウス八世の像（フィレンツェ大聖堂附属博物館蔵）

は空前の富を蓄えるに至り、フランス王家もイングランド王家もその融資を受けなければ国の財政が立ち行かないような状態になっていた。この経済発展に呼応して、西欧の社会基盤、いわゆるインフラストラクチュアの整備が飛躍的に進んだことは、いうまでもない。道路、水路、海路の交通が便利となり、イタリアの商人は、マローツィアの時代には考えられなかったほど遠くまで、早く、安全に行き着くことができるようになっていた。そして、こうした経済好況の最大の受益者がローマ・カトリック教会と聖職者階級であったこともまた事実であった。

聖年祭の起源

教皇ボニファティウス八世は教会のこの絶頂期に襲位し、それまでの諸教皇の努力の成果を収穫する立場にあった。彼にとって教皇こそが地上での絶対的な権力者であり、霊魂の問題だけでなく、世俗の諸問題についても、諸王諸侯が教皇の指揮に従わなければならないのは当然なのであった。世俗の問題について最高権威であったはずの皇帝権も、今は力衰えて、教皇庁から無視されていた。それどころか、ボニファティウスは、自分が皇帝の権力も兼ねるつもりでいたのである。教皇位に就いたその日、彼はなみいる枢機卿に向かって、私を地上における神の代理者と認めるか、と尋ねた。皆がそれを認めると、次には教皇帽を脱ぎ、王冠を着け、剣を抜き放って、では私を皇帝と認めるか、と尋ねたという。どの枢機卿もボニファティウスの性格を知っていたから、否とは答えられなかった。こんな具合だから、皇帝アルブレヒト一世が使節を寄越したときも、その使節が一修道士に過ぎぬと知るや、無礼であると怒鳴って、いきなりその使節の顔をしたたかに蹴り上げた。

皇帝はこの屈辱に耐えたが、フランスの王様は辛抱できず、教皇が他国の内政に干渉することに抗議して、フランス国内の教会税を凍結し、ローマへ送らせないという挙に出た。肥《ひ》沃《よく》なフランスはカトリック教会の大財源だったし、今や武力でもヨーロッパ一の実力を誇るフランスに対して、脅しはききそうにもなかったから、教皇庁は大いに困った。だがボニファティウスは妥協しなかった。なに、向こうがその気なら、こちらにはこちらの方策があるさ。こうして考え出したのが「聖年祭」の大イベントだったのである。この収益によって教皇庁財政の穴埋めをするとともに、カトリック教会の威信を諸国の津々浦々にまで浸透させるという、一石二鳥の名案である。ボニファティウスは企画と演出の天才だったから、このイベントは大成功を博した。

西欧中の教会の壇上から、この聖年を祝うためにローマに行こうと勧誘が繰り返される。記念すべきこの祝祭に参加すれば、必ずやあなた方の霊魂は天国行きを約束されるであろう。この宣伝が何カ月も繰り返し繰り返し、全ヨーロッパに展開されたからたまらない。ようやぐ経済力のついてきたヨーロッパ諸国の民衆は、旅行したくてうずうずしている。それに、「信仰の時代」である。信徒たちは一生一度は大本山であるサン・ピエトロ大聖堂に参詣《さんけい》し、使徒や聖者の墓に詣《もう》でたいと思っている。その希望が満たされた上に、旅行が楽しめて、さらに死後の天国が約束されるのなら、こんなうまい話はない。何十万もの巡礼がローマを目指して動き出した。たとえ旅の空であえなく死んだとしても、魂が天国へ行けることは確かだと、各国各地の司祭や修道士は保証して、いやが上にも熱気を煽《あお》り立てた。

大詩人ダンテ

ローマの主要な聖堂の前には、巡礼が列を作った。使徒や聖者の墓に詣でて賽銭《さいせん》を投げる。それを二人の助祭が待ちかまえていて、熊手でかき集める。ローマ中でその賽銭の合計額は一日あたり千リーヴルというから、当時としては巨額で、しかもそれが一年中続くのだからこたえられない。教皇庁財政の赤字を埋めて余りがあったし、ローマの商人はほくほく顔、一般市民ももちろんその余慶にあずかる。他国の貴族や商人や有名人も競ってこの祝祭に参加し、彼らの引き連れる従者も加えて、ローマの街路は人波で溢れた。その人波の中に、おそらく大詩人ダンテもいたはずである。ダンテはこの頃、フィレンツェの政界に進出し、政治闘争にのめり込みつつあったが、フィレンツェからローマまでは馬に乗れば一日行程、この機会にローマで見聞を広めたいと思ったはずである。そしておそらく彼は、聖年祭に沸き立つローマの町で、不朽の名作『神曲』の想を得たのである。

「人生の道の半ばで、正しい道から逸《そ》れてしまった私は、いつか暗い森の中に迷い込んでいた」。この言葉から大叙事詩『神曲』は始まる。その森の中でヴェルギリウスに出会い、地獄、煉獄《れんごく》、天国と彼岸三界にダンテは旅立つのであるが、当時人間の自然の寿命は七十歳だと信じられていたから、「人生の道の半ば」とは三十五歳ということになる。そしてこの一三〇〇年、ダンテはちょうど三十五歳になっていた。だから彼は、この聖年祭の年に彼岸の旅に出発したのである。

ダンテは導師ヴェルギリウス（イタリア語読みでヴィルジリオ）に連れられて、地獄の奥深くへ降りて行く。ダンテのイメージの中でも地球は球形で、地獄はその球の中心に頂点をもつ円錐形の世界である。九圏に分かたれ、下へ行くほど重い罪を犯した者の霊が、永遠の劫《ごう》罰《ばつ》を受けている。その凄惨《せいさん》な情景を次々にめぐって、二人が第八の圏まで達したとき、頭を下に足を上に、逆立ちの姿で「棒杭《ぼうぐい》のように」地面に突き立てられた亡者を見る。それは、ボニファティウス八世より五代前の教皇、ニコラウス三世の哀れな姿で、聖職売買の罪でそこへ落とされ、逆さ生き埋めの罰を受けているのである。ダンテに問いかけられたニコラウス教皇の霊は、驚いてこう言う。

「お前はもうここへ来たのか、ボニファティウスよ、もう来たのか。しかしおかしいじゃないか。お前はまだ死んでいないはずだ、まだ数年経たないとここへは来ないはずだぞ」

彼はダンテをボニファティウスだと思い込んだのだ。そしてダンテが地獄を旅した一三〇〇年には、たしかにまだ教皇ボニファティウス八世は生きていて、聖年祭を成功させ、得意の絶頂にあった。だからこの叙事詩の主人公であるとともに作者でもあるダンテは、ボニファティウスの地獄行きを予定されたものとして描き出しているのである。ダンテにとってボニファティウスは、逆さ生き埋めにしても足りないほど憎むべき仇敵《きゅうてき》であったのだ。だが、それほど憎まれたボニファティウスとは、どんな人物であったのか、またいかにして教皇座を我がものとしたのかを、まず物語る必要がある。

カスターニョ『ダンテ』（ウッフィーツィ美術館蔵）

カエターニ枢機卿の画策

教皇ボニファティウス八世、世俗名ベネデット・カエターニ、ローマ貴族のうちでも名門に属する。例によって確かな生年はわからないが、一二三五年という通説に従えば、ダンテよりちょうど一世代上になる。若くして聖職に志し、手腕を発揮して認められ、教皇使節としてフランスやイングランドに使いし、業績を認められて枢機卿に列せられたのが一二八一年というから、そのわりに出世は早くない。手腕はあったが、宗教人としてモラルに欠けるところがあったのが、順調な昇進を妨げたのかもしれない。チャンスは一二九二年、教皇ニコラウス四世が没したときに来た。後任の教皇を選ぶ枢機卿会の意見がまとまらず、空位状態が二年も続いた。カエターニ枢機卿はその頃には押しも押されもせぬ教皇庁の実力者だったが、枢機卿会の大多数の支持を集めるだけの信望はなかった。何度も協議が続いたが結論に至らず、結局モラル面で問題のない人物を教皇に祭り上げようということになる。そこでスルモーナ近郊で信仰の日々を送っていた高徳の修道士、ピエトロ・ダ・モローネに白羽の矢が立った。

びっくりしたのは修道士ピエトロである。教皇になるなど、夢にも考えたことがなく、自分がそんな柄でないことをよく知っていたから、困り果てたあげくに逃亡を試みるが、すぐに探し出されて、否応《いやおう》なしにこの大役を引き受ける羽目となり、襲位してケレスティヌス五世となる。だがいくら聖徳に満ちあふれていても、教皇庁の政治的な駆け引きの中で、身を持していくことは難しい。いや、聖徳に満ちていればいるほど、世俗権力がらみ、金銭がらみの教皇庁政治のトップに立って、ただ担がれていることは、良心をこの上なく痛めつけ、神様に申し訳ないと思うようになる。こうして日夜苦悶《くもん》を続けるケレスティヌスの耳に、絶えず天使の声が囁《ささや》くようになった。

「我は神より遣わされし天使。神に代わって命ずる。速やかに教皇職を辞し、修道の生活に戻るべし」

実はその声は天使ではなく、カエターニ枢機卿がひそかに一種の伝声管を教皇のベッドに敷設して、夜な夜な囁いていたのである。そんなこととはつゆ知らぬ教皇は、辞任したくてたまらなくなったが、カトリック教皇位は終身が原則であり、途中での辞任は前例がない。その手続きと論拠とを親切に教えてくれたのは、教会法に詳しいカエターニ枢機卿であった。彼に教わったとおりの手順を踏んで教皇辞任。襲位後わずか六カ月しか経っていなかったが、その間にカエターニは十分に資金を使って選挙運動を進めていたのである。ケレスティヌス辞任後の枢機卿会では、圧倒的多数をもってカエターニ枢機卿が教皇に選出され、ボニファティウス八世を名乗って聖座に就く。一二九四年のことである。

教皇になって彼が最初に打った手は前教皇の口をふさぐことであった。天使の声の一件から辞任に追い込む策動まで、世間に知れれば具合の悪いことが多すぎる。ボニファティウスは修道士ピエトロの生活に戻っていた前教皇の逮捕を命じた。聖徳の前教皇はまたしても逃亡を余儀なくされるが、難なく捕まってフモーネ城に幽閉され、死ぬまで釈放してもらえなかった。その上この気の毒な前教皇は、死後もダンテによって地獄へ落とされている。いや、地獄にも入れてもらえず、いわば宙づりの状態で、地獄の手前で永遠に泣き叫びながら駆け回る群れの中に入ることになるのだ。「こんな連中を迎えれば天国が汚れるというので追い払われるが、地獄のほうでも受け入れてくれない。こんなのを地獄へ入れると悪党どもが大きな顔をするだろうからだ」とヴェルギリウスは説明する。そしてダンテは、「いいこともせず悪いこともせず、神に仕えもせず背きもせずに一生を終えた亡霊たち」の群れの中に、「怯懦《きょうだ》のゆえに大切な職務を投げ出した者」、すなわちケレスティヌス五世の姿を認めるのである。勇気をもって難事に立ち向かわず、ボニファティウスの権力掌握に道を開いたケレスティヌスを、ダンテは許すことができなかった。だが、カトリック教会は後にこの教皇の聖徳を認めて、聖者の列に加えている。

霊魂の救済より世俗の権力

こんなあくどい方法で教皇位を手に入れても、ボニファティウスの良心は痛まなかったらしい。そもそも良心というものがなかったようにさえ思えるし、少なくとも宗教者としての良心は持ち合わせていなかったようである。没後漏れ始めたこの教皇についての評判は、この信仰の時代にあって、奇想天外とも言うべき人柄をうかがわせる。彼はダンテと違って、死後の世界の存在を信じておらず、したがって最後の審判をも信じていなかった。のみならずそれを公言さえしていたというのだ。地獄も天国もこの地上に存在する。老・病・苦が地獄であり、若さ、健康、美女美童が天国なのだ。そう彼は言っていた。だから美女美童とたわむれ、ご馳走《ちそう》を食べ、贅沢な服装をすることが大好きだった。断食の日に六種類しか料理を出さなかったというので、料理人を怒鳴りつけたし、衣服には宝石をたっぷり縫いつけさせたし、ばくちにも熱心で、黄金のさいころを自慢にしていたという。ある神父が「イエス様、どうかお助け下さい」とお祈りしているのを見たボニファティウスが、こう言って叱責《しっせき》した話は有名である。

「ばかもの、イエスもただの人なのじゃ。しかも自分の身さえ救えなかっただめな人なのじゃ。そんな男が、どうしてお前を助けてくれようぞ」

だから、この教皇にとって大事なのは、彼岸ではなくて現世であり、霊魂の救済ではなくて世俗の支配権力であった。カトリック教会と教皇の権威が絶頂に達した時期に教皇位を継いだボニファティウスは、その権威を実効ある権力に変えようとして、心血を注いだのである。目標はヨーロッパを自分の支配下に置くことだったろうが、まず手始めに、イタリア全土を手中に収めなければならない。そこで目を付けたのが、フランスとスペインの間で領有の争われているナポリ＝シチリア王国、ついで経済力豊かだが内部の党派闘争で大揺れに揺れるフィレンツェ共和国である。

フィレンツェの党争

フィレンツェを二分して烈しい党争に明け暮れていた二つの党派は、白派と黒派と呼ばれる。白派の頭目は新興商人階級のチェルキ、黒派の首領は由緒正しい家柄を誇る貴族ドナーティ。妻がそのドナーティの従妹《いとこ》であったのに、ダンテは白派に属し、その幹部となっていた。党派の争いが街頭での乱闘に発展し、流血の騒ぎとなるのは、フィレンツェでは毎度のことであった。一三〇〇年、白派が選挙に勝ってコムーネの権力を握り、ダンテも共和国総務に選出されている。総務（プリオーレ）といえば国家最高の権力機関のメンバーである。だが黒派の首領ドナーティは、聖年祭を口実にローマへ行き、ひそかに教皇ボニファティウスと協議を重ねていた。

ボニファティウスの作戦は巧妙であった。まずフィレンツェの内紛を煽り立て、手の着けられない暴力闘争に転化させる。そしてそれを調停するという名目で、教皇使節を派遣する。この使節にはフランス王の弟に当たるシャルル・ド・ヴァロアを起用し、フランス軍を率いて市内に入らせ、その武力で全市を制圧する。その上で政府を打倒し、今は教皇の傀儡《かいらい》となったドナーティの黒派に権力を握らせる、というのだ。

教皇ボニファティウスの作戦は図に当たった。フィレンツェの白黒両派の争いは手の着けられない暴力沙汰《ざた》に発展し、流血の惨事が繰り返されたから、市民はうんざりして、教皇が和平の使節を差し向けたと聞くと、熱烈に歓迎した。教皇特使シャルル・ド・ヴァロアは護衛のフランス軍を率いて、一三〇一年の晩秋、抵抗を受けることなくフィレンツェ市内に入り、露骨に黒派の肩を持ったから、黒派のクーデタ計画は難なく成功、コルソ・ドナーティが政権を握る。フランス軍制圧下に白派は為す術がなかった。たちまち報復と粛清の嵐が吹きすさび、白派の幹部は次々に法廷に引き出され、処刑された。最初に死刑を宣告された九人の中に、ダンテ・アリギエーリの名もあった。彼はかろうじて国外に脱出、処刑を免れたが、彼の住居は完全に破壊され、更地に戻されてしまった。もはや帰るべき家もなく、フィレンツェで彼を待っているのは死刑台のみ。こうして詩人の流浪が始まった。職を求め、保護と支援を求めてイタリア中をさすらう旅は、死ぬまで続いた。ついに故郷に戻る日は来なかったのである。そして彼の心から、ボニファティウス教皇に対する烈しい怒りが消え去ることも、決してなかった。

だが教皇は得意の絶頂にあった。教皇領国ではすでに彼の絶対支配が確立していたし、今またこうしてフィレンツェ共和国が事実上教皇庁の傘下に入ったわけである。足元をおびやかすのはローマの有力貴族コロンナ家だったが、これはすでに聖年祭の前に、コロンナ家出身の枢機卿二名を強引に免職し、抗議すると家門全員を破門に処し、武力を用いて亡命に追いやり、ローマ近辺の所領を没収、コロンナの城は徹底的に破壊、廃墟に清めの塩を撒《ま》かせて凱歌を挙げた。南イタリアとシチリアをめぐるフランスとスペインの争いにも介入し、一三〇二年には曲がりなりにも調停を成立させたから、イタリア全土が教皇庁の指導下にまとまる日も近いように見えた。

フランス王の挑戦

しかし、ボニファティウスは思い違いをしていたのである。たしかに十三世紀を通じて教皇の権威は全西欧に行き渡っていたが、その権威は宗教を基盤としたものであって、権力とは違う。権力の基盤となるのは武力であって、いくら権威を振りかざしても、最後の決着は武力による強制である。そしてカトリック教会は世俗諸君主のように武力装置を常備することができない。強大な武力を持つ世俗君主を敵に回せば、教皇の立場は実に危ういのである。ボニファティウスは、歴代の教皇が営々と築き上げてきた権威を浪費し、それを権力と見誤っていたのだ。だから、当時の西欧で最大最強の武力を持つ君主、すなわちフランス王フィリップ四世に対して、教皇が全世界の君主に対して指導と指示を与える正当な権利を持つという自説をしつこく繰り返し、聖職者非課税の特権をフランスにも押しつけようとして、とことん怒らせてしまったのは、まさに自殺行為だった。

フランス王は国内の貴族、聖職者、市民の代表を宮廷に集めて、教皇の書簡を読み聞かせ、教皇がフランスの政治に容喙《ようかい》することを断固拒否すると宣言、その書簡を広場で焼き捨てさせ、その様子を公衆の目に晒《さら》した。面目玉《めんもくだま》を踏みつぶされて激怒したボニファティウスは、フィリップ王を破門に処する。だが、破門にひるむような最初からそんな挙には出ない。王様はそんな処分は認めず、逆に公会議を召集して、教皇の罷免を提議するつもりでいた。

公会議とは、カトリック教会の幹部が一堂に会して、組織の最高方針を審議する場である。それまでも何度も開かれて、重大な決定を下してきた機関ではあるが、この会議の決定と教皇の意志とが食い違う場合にどちらが優先されるのか、誰が公会議を召集するのか、誰が議事を主宰するのか、公会議に出席する幹部とはどの範囲なのか、定足数はどのくらいか、決定は多数決なのか、教皇は拒否権を持つのか持たないのか、等々について、正確なことは誰も知らなかった。だから、公会議の決定が教皇を拘束するのか、それとも公会議は教皇の諮《し》問《もん》機関に過ぎないのかという問題は、この後も烈しい議論と対立を生み出し、教会分裂の火種となった。

それはともかく、「美王」と綽名《あだな》される男前のフィリップ四世は、その公会議に教皇ボニファティウスを告発し、廃位に追い込もうとしたのである。訴因は瀆神《とくしん》、聖職売買、妖術行使、婦女誘惑、そして殺人。その一方で王様は、腕利きの大臣ギョーム・ド・ノガレをイタリアに派遣し、コロンナ家と共同して反教皇の騒乱を教皇領内で起こすよう画策させてもいた。コロンナ家にとってボニファティウスは恨み重なる仇敵だし、ノガレはフランス宮廷内反教皇派の急先鋒だったから、意気投合は簡単なことだった。

アナーニ事件

一三〇三年九月、教皇はアナーニの別邸に滞在していた。アナーニはローマの東、約四十キロ、ボニファティウスの生まれた土地でもある。老教皇はこの頃腎臓病に悩んでいたので、療養を兼ねて実家に戻っていたようだ。六日深夜、ノガレとシャルラ・コロンナはわずかの手勢を連れただけで館に侵入、教皇を監禁状態に置き、弾劾の公会議に出席するよう強要。ボニファティウスは年老いて重病に苦しんでいたが、プライドと勇気にはいささかも衰えなく、「では余の首を斬ってその会議に持っていくがよい」と言ったまま、脅してもすかしても屈服しない。苛立《いらだ》ったコロンナが教皇の頬《ほお》に平手打ちを食らわせたというが、証人のないことだから事実かどうかはわからない。しかし現在でもアナーニにはボニファティウスの館が残っていて、その門の外に「教皇ボニファティウス八世が平手打ちを食らったところ」と、観光客向けの説明が書いてある。

監禁と脅迫は数日続いたが、教皇は頑張り続けた。その間にフィエスキ枢機卿が兵を集め、アナーニ市民の助けも借りて救出に成功。ノガレとコロンナは逃走した。だが、老教皇はこの痛手から立ち直ることができなかった。二週間後にローマに帰っては来たが、すでに病気は末期状態で、絶えず苦悶の叫びを挙げ、その声はサン・ピエトロ広場に響きわたったという。十月十一日、教皇ボニファティウス八世逝去。当時の年代記はこの教皇をこう評している。「狐《きつね》のように潜入し、狼《おおかみ》のように統治し、犬のように死んだ」

「アナーニ事件」として史上有名なこの事件は、教皇庁の権威を一挙に断崖《だんがい》の下に突き落とした。男前のフランス王は執念深く、ボニファティウスの死後も追及の手を緩めず、死者を被告とする弾劾裁判に持ち込んだ。故教皇生前の言動が高位聖職者たちによって証言され、法廷を慄然《りつぜん》とさせた。それによればボニファティウスは、聖母の処女懐胎とか、ミサの儀式によってパンと葡萄酒がキリストの肉と血に変わるなどというのは愚かな民衆をだますための方便で、いやしくも知性ある者ならば、そんなことは信じるふりをしておいて、自分の頭で考えなければならぬと言ってのけたという。この裁判はうやむやになったが、これ以後教会は、フランス王の圧力に抗することができなくなった。フィリップ四世は教皇選挙にも介入し、フランス人の教皇クレメンス五世の選出に漕《こ》ぎ着け、教皇座をローマからアヴィニョンに移動させる。カトリック教会は苦難の時期を迎えた。イタリアは教会にさえ見捨てられ

ボッティチェッリ『神曲』挿絵　地獄篇第十八歌

たと感じた。

「船長のいない船」

華やかな聖年祭で幕を開けた十四世紀は、イタリアだけでなく、ヨーロッパ全体が混迷と崩壊を骨身にしみて味わう世紀となる。十三世紀に発展を謳歌したヨーロッパ経済にも、新世紀に入る頃すでに暗影が忍び寄っていた。農地の拡大は止まり、各地に飢饉《ききん》が生じ始め、その上にこの世紀前半には地震や津波などの災害が頻発した。その危機は、世紀中葉のペストの大流行で頂点に達する。この疫病で、ヨーロッパ全人口の実に四分の一が死んだと推計される。混乱のなかで、イタリア各地にあれほど栄えたコムーネは、次々に崩壊し、自治共和の体制を捨てて独裁者を頂く君主国家に変容する。

ところで、ダンテはボニファティウスの死をどう受け止めていたろうか。一三〇三年にはパドヴァにいたようだ。そこで親しい同郷人ジョットと会った話が残っているし、ジョットはその年、スクロヴェーニ礼拝堂の壁画を描くためにパドヴァに滞在していたからだ。流浪のなかでダンテは大作『神曲』の執筆を続けていた。

ああ、奴隷となったイタリアは苦しみの宿だ、大嵐の中で
船長のいない船のように波まかせ、風まかせ。

彼は『神曲』煉獄篇の中でこう歌っている。まことにこの後の歴史は、イタリアが「船長のいない船」だったことを実証する。だが、その船の中で輝かしいルネサンスの芸術が花開こうとは、さすがの大詩人も予見できなかったようだ。詩聖ダンテ、一三二一年九月十三日、ラヴェンナにて没す。享年五十六歳。

第六話　ロレンツォ・デ・メディチの物語

メディチ邸の披露宴

一四六九年、初夏のフィレンツェ。メディチ家の館は婚礼の準備に忙しい。二十歳の春を迎えたこの家の御曹司、ロレンツォが花嫁を迎えるのだ。相手は名門中の名門貴族、ローマはオルシーニ家のクラリーチェ姫である。メディチ家といえば、フィレンツェ共和国の権力をほぼ独裁的に行使できる権門であると同時に、全欧に支店網を張りめぐらせ、金融だけでなく貿易でも巨大な利益を上げるメディチ銀行のオーナーであるが、家柄という点ではそれほどかんばしくない。当主ピエロの祖父ジョヴァンニが苦労して築いた富を、父コジモが受け継いで、ヨーロッパ最大の銀行に育て上げたうえに、逮捕、亡命という難局を乗り切って共和国の権力を握るところまでのし上げたわけだが、ストロッツィ、パッツィ、アルビッツィ等々、中世の暗黒時代から暖簾《のれん》を誇ってきた老舗《しにせ》の商人たちから見れば、メディチ家は素性の知れない成金なのである。コジモもその点は気にしていたが、この時代、縁結びということになれば金よりも家柄がものをいう。コジモは、かつての大富豪で今は落ちぶれているバルディ家から妻を迎えることで満足しなければならなかったから、息子のピエロには有力な老舗、トルナブオーニ家の娘で、才女の誉れ高いルクレツィアを嫁に迎え、家柄改善の道を着実に前進させた。そして今、そのピエロの嫡子ロレンツォが、ローマ最高の家柄の一つであるオルシーニ家から、花嫁を迎えようとしているのだ。

オルシーニ家といえば、先祖に何人も教皇を出し、枢機卿、司教は数え切れないほど、イタリア中部各地に広い領地を持つ大貴族である。ストロッツィ家やパッツィ家がフィレンツェでどんなに威張っていても、当時は商人では家柄という点で貴族にかなわない。名門貴族の縁戚になれば、もう彼らから成り上がりだの成金だのと陰口を叩かれることはない。だからこの縁組みにメディチ家は大いに力こぶを入れたのである。

メディチ＝リッカルド宮　メディチ家の住居でもあった。

採配を振るうのはロレンツォの母ルクレツィアで、重い痛風のため起居ままならぬ夫に代わって、ローマまで未来の嫁の品定めに出向いた。器量と性格はあまり気に入らなかったようだが、家柄と体格は大いに気に入った。「我が家の娘たちのほうが彼女よりずっと美人」だと、フィレンツェの夫に報告した手紙が残っている。気位が高すぎてつんけんした性格も、気にはなったようだ。だが何よりもまず家柄である。「ストロッツィ家やアルビッツィ家の連中は、この縁組みを死ぬほど羨《うらや》ましがることでしょう」と、ルクレツィアは書いている。それに加えてクラリーチェ姫は、「体格がよく、色白」で、ルクレツィアの希望をぴったり満たしている。元気な子供をたくさん産めること、これが第一の条件である。それに、メディチ家の男たちが代々痛風に苦しんできたのだから、その家系の体質を改善するにも、新しい血を導入する必要がある。オルシーニ家にとっても、フィレンツェ共和国を思いのままに動かす力のあるヨーロッパ一の大富豪との縁組みは、損になる話ではないから、この縁談はとんとんと進んだ。

娘を外国に嫁がせる際の貴族の慣例に従って、ルクレツィアがローマに出向いたその年の暮れ、まず花婿不在のままローマで結婚式が挙げられ、フィレンツェでの婚礼は翌年の六月と決まった。その半年足らずの間、花婿のロレンツォが花嫁の到来を待ち焦がれていたかというと、そうではない。彼は何人もの愛人と手を切るのに忙しく、少なくとも彼女たちの了解は得なければならなかった。それに、サンタ・クローチェ聖堂前の広場で行われる騎馬槍試合に出場するのでその練習に余念がなく、クラリーチェ姫に手紙を書く暇もなかった。姫君はそれを大いに不満に思い、周囲に当たり散らしたが、結婚を白紙に戻そうとは思わなかったようだ。

こうして、初夏の香りとともに花嫁はフィレンツェにやってきた。サン・ロレンツォ聖堂での厳粛な挙式の後、披露宴はメディチ邸で華やかに催され、三日連続の大宴会となる。全市民にご馳走が振る舞われ、菓子類だけでも五千ポンドも食べ尽くされたという。もちろんすべてメディチ家の出費である。名匠ミケロッツォの設計になり、ルネサンス建築の代表作の一つで、今も観光客でにぎわうメディチ邸には、フィレンツェの有力者がすべて集まり、慶賀の杯を交わした。

その壮麗な宴の果てた夜、花婿は一人で自分の部屋に戻り、日誌のページを開いてこう書き留めた。

「私ロレンツォは、一四六八年十二月、ヤコポ・オルシーニ殿の息女クラリーチェを妻に迎えた。より正確に言えば、妻としてその女性を押しつけられたのである。婚礼は一四六九年六月四日、我が家で行われた」

これはロレンツォ・デ・メディチの、おのが青春への惜別の言葉であった。

ロレンツォの素質

コジモ・デ・メディチは、息子のピエロが凡庸であり、かつ病弱で長生きできないだろうと思っていたので、孫のロレンツォに希望を託し、その教育に力を入れた。政治や経済の実務は自分が教え、哲学、文学、ギリシャ語には当代最高の学者を家庭教師につけた。ロレンツォはこの祖父の期待に応えてよく学問を修め、政治能力の点でもすぐれた素質を示したから、メディチ一門の期待を一身に集めるようになった。長身でがっちりした体格だから、スポーツもよくしたが、それよりも哲学、文学、美術、音楽を好み、哲学者たちとの討論を欠かさず、詩を作らせても非凡の才を示した。美男子ではなく、容貌《ようぼう》は魁偉《かいい》で、声も悪かったが、不思議な人間的魅力があって、だれでも、たとえ五分間でも彼と話すと、その魅力のとりこになってしまうのであった。優雅で礼儀正しく、度量が広く、相手と同調しながら、自然に自分のペースに引き込んでしまう能力は、持って生まれた素質に教養で磨きをかけた結果であったといえよう。

息子の婚礼を無事に済ませてほっとしたのか、その年の十二月、ピエロ・デ・メディチの病状が悪化し、まもなく他界。長子ロレンツォが当然後を継ぐことになったが、家業の銀行は引き継ぐが政治権力までは継ぐ気はないと、当のロレンツォが言い出したから周囲は慌てた。メディチ家独裁といっても、法制上はコムーネ的共和制を保っているのがフィレンツェの特徴である。独裁的な権力を振るうようになったのは祖父コジモの代からだが、コジモは共和政体を変えようとはせず、法制上の最高位である「正義の旗手」の地位に就いたのも三期半年に過ぎず、その半年以外は、形式的には一介の市民に過ぎなかった。彼は事実上の国王であり、その権力は子から孫へと世襲されたが、形式的には一市民、一銀行家として生涯を過ごしたわけだ。要するにメディチ家独裁とは、メディチを党首とする一党派の独裁だったのであり、コジモはその党派の頂点にあって、絶対的な権力を行使した。その子ピエロもまた同じであった。そしてコジモもピエロも、この「一党独裁」を独裁に見せないように気を遣《つか》っていた。それを表面に出してしまうと、イデオロギーにこだわる傾向の強いフィレンツェの気風からすれば、必ず有力な反対党派が出現する。独裁者は暗殺してもよい、というのがフィレンツェ人文主義の教えなのである。だから、役職の権限が弱く、政府が短期に交替して強力たり得ない共和制をそのまま維持して、ボスが陰から牛耳る従来の政治手法をそのまま踏襲するほうが、はるかにうまくいくのだ。

　若いロレンツォは、そういう陰険な政治手法が気に染まなかったのかもしれない。とにかく頑強にメディチ党党首にはならないと言い張ったから、党の指導部は驚いた。メディチ家の声望と経済力なくしては、メディチ党の支配は成り立たない。彼らは「市民代表団」を編成してメディチ邸に押しかけ、政治から身を引かぬよう懇請し、必死に説得を重ねる。ついに根負けしたロレンツォは、弟ジュリアーノと共同でということなら、と条件を付けて承諾した。ロレンツォは二十歳になったばかり、弟ジュリアーノはまだ十六歳だった。

　政界へのこのデビューの仕方を、おおかたの評者は、祖父コジモ譲りの老獪《ろうかい》なポーズだと見なしている。その後政治の世界でロレンツォが発揮した実力を見れば、そう考えるのも無理はないが、政治の能力にすぐれた素質を持っていることと、政治が好きだということとは、必ずしも同じではない。能力とか素質とかいうならば、彼は文学にも哲学にもすぐれていたので、そのほうが政治よりもよほど好きだったように思われる。たぶんロレンツォは、環境から強制されてメディチ党首領の地位に就いたのであろう。ちょうど家柄の上昇と家系の体質改善という要求に屈して、気に染まぬ女性と結婚したのと同様に。

弟ジュリアーノ

それから八年と少しの後、一四七八年の春もたけなわの頃、メディチ家の支配は順調に続いているように見えた。ローマから嫁いできたクラリーチェは、フィレンツェ社交界での評判はよくなかったが、ロレンツォとの夫婦仲は悪くなかったようで、一四七二年に生まれた長女ルクレツィアを皮切りに、すでに二男二女をなしている。ロレンツォの結婚前からの愛人との関係はまだ続いていたが、それが家庭の平和を乱すことはなかったようである。ついでに言うと、この愛人の名はルクレツィア・ドナーティ、母の名もルクレツィアだから、ロレンツォ・デ・メディチは母と愛人と娘と、三人のルクレツィアに囲まれていたことになる。

父ピエロが亡くなったときまだ十六歳の少年だった弟ジュリアーノも立派に成長し、兄と違ってこちらは容貌に恵まれ、騎馬試合でも聖史劇でもヒーローの役割を演じ、フィレンツェの娘たちの胸をときめかせている。兄と共同でメディチ党首の役割を引き受けたはずだが、ジュリアーノは兄ロレンツォの才能と器量をよく知り、尊敬していたし、自分もスポーツや演劇のほうがずっと好きだったから、すべてを兄に任せて、政治向きのことには口を出さなかった。

大富豪の次男坊の気楽な生活を楽しんでいればいいように見えたが、彼には彼の悩みがあった。一人の女性の面影が彼の胸に焼き付いて離れなかったのである。その人の名はシモネッタ、リグリアからヴェスプッチ家に嫁いできた若妻である。サンタ・クローチェ聖堂前広場での記念騎馬試合に出場したジュリアーノは、「ラ・センツァ・パーリ」（並びなき女性）と大書した旗印を掲げたが、それが誰を指しているのか、フィレンツェ市民はよく知っていた。ボッティチェッリは、貝に乗って海から出現する美の女神の顔を、シモネッタに似せて描いたと言われる。この時代を代表する美人だったが、この時代には珍しく貞節な人妻で、メディチ家の若殿の想いを受け入れようとはしなかった。その上美人薄命のたとえに漏れず、二年前に結核をわずらってあえなく世を去ったから、ジュリアーノの恋心は地上の対象を失って、むなしく燃えるばかりだった。

一四七八年四月二十六日朝、ロレンツォ・デ・メディチは大聖堂のミサに出席する支度を整えていた。弟ジュリアーノは気分がすぐれないとか何とかぐずぐず言って起きてこないので、先に行くことにした。春の午前の光はうららかにフィレンツェの町並みに降り注ぎ、世はすべて事もなく見えた。ロレンツォを頭領とするメディチの支配にも、表だった反撥は生じていなかった。ローマ教皇庁との関係がこじれ始めているのは気がかりだが、フィレンツェの状況には問題がない、とロレンツォは信じていた。だから、今日これから何が起こるか、彼は何も知らず、何も気付いていなかった。

逮捕亡命の辛酸を経て権力を握った祖父コジモや、そのコジモの苦労を見て育った父ピエロと比べると、生まれながらに権力者たることを約束されていたロレンツォの考えは甘かった。実質上の独裁を共和合議の制度の綿でくるまなければならない理由は承知していても、その非能率や欺瞞《ぎまん》性が、我慢ならなかったとしても不思議はない。メディチ支配もすでに三代目に入った以上は、今さら実態を隠しようもないし、また隠す必要もないのではないか。そんな考えが若いロレンツォとその周囲のメディチ党幹部たちにはあったようだ。行政上の指示や決裁が、政庁ヴェッキオ宮を通さずに直接メディチ邸から伝えられたり、国庫の会計とメディチ銀行の会計が混同されるようなことも生ずるようになった。七十人の委員から成る審議機関を新設し、主要な法案をここで先議するようにしたのも、そういう考えの現れであった。国事に功労のあった人を委員に指名するという触れ込みでも、過半数がメディチ党だし、そのうえ任期は無期限終身というわけだから、国会に相当する最高議決機関の大評議会や、内閣に当たる総務会の権限が、ますます形骸化するのは当然である。フィレンツェの上流市民の間には、しだいに不満が蓄積された。まだ共和制の建前は崩していないとはいえ、これでは露骨に形だけではないか。ロレンツォの代のうちに明確な独裁制に移ろうとしているのではないか。今度の若殿は少々やることが強引すぎる。

G・ヴァザーリ『ロレンツォ・デ・メディチ』（ウッフィーツィ美術館蔵、WPS提供）

　そんな心配を裏書きするように、ロレンツォはヴォルテルラの反乱を力で押さえつけた。フィレンツェの傭兵《ようへい》隊はヴォルテルラで略奪をほしいままにし、多数の市民を殺傷した。また、イモラの帰属をめぐっても、教皇シクストゥス四世と衝突した。教皇は自分の甥《おい》をイモラの領主にしようとしていたから激怒し、教会の取引銀行をメディチ家からパッツィ家に変え、反メディチ派のサルヴィアーティをピサ大司教に任命して、フィレンツェ領内に送り込んだ。ロレンツォは彼を領内の大司教として迎え入れることを拒否したから、フィレンツェ共和国とヴァティカンとの関係はひどく険悪になっていた。

この確執には心を痛めていたが、ロレンツォはまだまだ状況を楽観していた。力関係からいえば、教皇庁に味方するのはナポリ王国、それにシエナ共和国をはじめとする中部イタリアの諸小国だが、フィレンツェはヴェネツィア共和国とミラノ公国という半島二強と同盟を結んでいる。そうたやすくは戦争になるまい。フィレンツェ市内でメディチ家に対抗できるのはパッツィ家だけだが、同調する者は少ないはず、それにパッツィ家はロレンツォが妹の中でいちばん可愛がっていたビアンカの嫁ぎ先でもある。まさかそのパッツィ一族が、教皇庁を後ろ楯に、メディチ権力転覆を画策していようとは、夢にも思わなかったのである。

花の聖母と別称されるフィレンツェ大聖堂では、厳《おごそ》かにミサの儀式が始まっていた。渋っていたジュリアーノも、パッツィ家のフランチェスコが誘いに来たので、いやいや出席していた。その時フランチェスコがジュリアーノの身体にさわって、服の下に防具や武器を付けていないことを確かめたのだが、そんなこととは知るよしもなかった。ミサが最高潮に達し、聖体奉挙に入ろうとしたとき、突如数人の刺客が剣を抜きはなってメディチ家の兄弟に襲いかかった。ジュリアーノは十八カ所を刺し貫かれてたちまち絶命。ロレンツォは首に傷を負いつつも辛うじて身をかわす。ブルネレスキの大円蓋の下は修羅場となった。ロレンツォは友人たちに守られて聖器室に逃れ、秘書を務めていた詩人のポリツィアーノがかんぬきをかけて凶徒の侵入を防ぐ。

それと時を同じくして、サルヴィアーティ大司教を擁するパッツィの手勢が政庁に押し込もうとしたが、怪しまれて阻止され、逆に包囲されてしまう。パッツィ家の当主老ヤコポは広場に出て群衆に「自由を、自由を！」と訴えるが、群衆は「球だ、球だ！」とやり返す。「球」とはメディチ家の紋章を意味する。こうして世に言う「パッツィ家陰謀事件」は挫折《ざせつ》し、首謀者はことごとく逮捕された。弟を殺されたロレンツォの怒りはすさまじく、処刑に容赦はなかった。フランチェスコ・パッツィもサルヴィアーティ大司教も絞首されて、ヴェッキオ宮の屋上から吊り下げられた。その姿をボッティチェッリと若き日のレオナルドが写生していて、今日まで残っている。

窮地に落ちたロレンツォ

教皇シクストゥス四世はこの計画の細部を知らされていなかったようだが、大司教を処刑されて黙っているはずがなかった。直ちにフィレンツェ全市に聖務停止を命じ、ロレンツォを破門の上、その身柄をローマに引き渡すようフィレンツェ政府に要求する。その要求を拒否すれば……即戦争である。ロレンツォは自分が犠牲になると言ったが、メディチ党で固めた政府がそんなことを承知するはずがない。戦端は開かれ、ナポリ王国軍を主力とする教皇軍が南から攻め上る。用意のできていなかったフィレンツェ軍は旗色が悪く、国境地帯の砦は次々に陥落、それなのにミラノもヴェネツィアも言を左右にして援軍を寄越さない。ロレンツォ・デ・メディチは八方ふさがりの窮地に落ちていた。それでも粘って一年半戦闘は続いたが、戦局は好転せず。戦力を増強しようにも、フィレンツェの金で雇われる兵士はことごとく破門する、全員地獄行きだと教皇が脅しつけているから、思うに任せない。フィレンツェ市内にもしだいに動揺が広がり始めている。こうなれば教皇軍の主力であるナポリと話を付けるしかない。だがナポリ王フェランテは一筋縄で行く男ではない。以前にも勇名とどろく傭兵隊長ピッチニーノを客として招待し、その席で殺してしまった話は誰でも知っている。そんなところへ話しに行くのは、死にに行くようなものだ。だがローマへ行って火あぶりになりたくなければ、ナポリへ行って話を付ける以外に道はない。

一四七九年十二月、ロレンツォは単身マレンマの港から海路ナポリへと向かう。

サン・マルコ修道院の庭園にて

その時からまた十年の歳月が流れた。ロレンツォは四十歳を超えたばかり、まだ若かったが、父親譲りの痛風の持病に苦しめられて、年より老けて見えた。フィレンツェの政治は安定していたし、イタリアは平和を保っていた。メディチ家の支配は揺るぎなく見えた。しかし今、サン・マルコ修道院の庭園を散歩するロレンツォの顔に、深い憂愁の影が漂っているのは、病気のせいだけではなかった。

サン・マルコ修道院の中庭回廊

サン・マルコと言えば、祖父コジモが聖堂と修道院をともに全面改築させて寄贈したドメニコ会の本拠である。アンジェリコと綽名される修道士ジョヴァンニが、その新しい聖堂と修道院のために、素晴らしい絵をいくつも描いたことで有名であり、その絵を見るために遠くの国からも画家たちがここに訪れる。またこの修道院の図書館は、アンジェリコの絵の背景をそのまま立体化したように見える設計で、内外古今の書籍を集め、学者や文人を引き寄せている。さらにこの修道院の庭園の一画には、古代ギリシャ・ローマの彫刻が陳列してあり、若い彫刻家たちが模刻に通ってくる。

書籍も彫刻も、メディチ家三代かけての蒐集《しゆうしゆう》である。だからロレンツォはここを我が館の延長のように思っていたし、歴代の修道院長はメディチ家に対する特別の敬意を欠かしたことはなかった。だが、最近フェラーラから赴任してきた新院長はそうではなかったのである。その院長の名は、サヴォナローラといった。

ロレンツォが散歩しているのを見た一人の修道士が、慌てて院長室に駆け込んだ。

「院長さま、大変です、ロレンツォさまがお見えになっています。早くご挨拶《あいさつ》にお出になりませんと……」

「ロレンツォさまは私に会いに来られたのか」

「いえ、あの、お散歩のご様子ですが……」

「ではそのまま散歩を続けられればよい」

院長は世俗の権力者におもねることを何より嫌っていた。そして、メディチ家の支配とその政策は、フィレンツェ市民の生活を快楽に流し、神の意志に背いて腐敗させるものだと信じていたのである。

ロレンツォの足は彫刻の陳列のほうに向かった。この前ここに来たとき、模刻に熱中している一人の少年を見かけた。その模刻を見てロレンツォは、この少年の天才を一目で見抜き、将来この少年がフィレンツェ美術界を背負って立つ可能性に賭《か》けた。彼をメディチ邸に迎え、養子同様の待遇で館に住まわせ、最高の教育を与えることにしたのである。少年の父親はフィレンツェの中級官吏で、息子の彫刻家志望に反対していたが、ロレンツォ様の意向とあらば一も二もなく、またこれほど破格の待遇を提示されれば否やを唱えるわけもなかった。この少年の名は、ミケランジェロ・ブオナローティ。

この日はそこには誰もいなかった。ロレンツォは修道院の庭の春の静寂を楽しむように、柔らかい草むらに腰を下ろした。実はサヴォナローラ院長が挨拶に出てきてくれるのを心待ちにしていたのである。じっくり胸襟を開いて話し合えば、きっと理解し合える。十年前もそうだったのだ。単身敵地へ乗り込んでいった、十年前のナポリ行きを、彼は思い出していた。

ナポリとの単独講和

あの時、ロレンツォの単独行動を知ったメディチ党の幹部たちは、絶望に陥っていた。メディチ家の若殿の考えは甘い。相手は意気に感ずるような玉じゃない。老獪な狐であって、窮鳥懐に入ればこれを殺さぬ猟師ではない。自己の利を計り害を除くためには、信義や道義は無視してはばからない男だ。今敵の大将が窮して懐中に飛び込んできたのであればこれ幸い、殺してしまってもよいし、教皇庁に引き渡してもよい。それで戦争に決着が付き、戦費もこれ以上かさまないし、メディチ党抜きのフィレンツェはナポリと教皇の思いどおりになる、そう考えるに違いない。事前に相談してくれたら、どんなことをしてでも、そんな愚かな冒険は止めさせたのに。

だがロレンツォは、ナポリ王説得に成功したのである。相手が利害でものを考える人間ならば、こちらも利害に基づいて説けばよい。教皇国家をこれ以上強大にすれば、困るのは直接境を接するナポリ王国ではないか。その王国の背後からイスラム・トルコ軍が攻め寄せようと狙っているときに、フィレンツェ、ヴェネツィア、ミラノを敵に回して何の得があろう。ビザンツ帝国を滅ぼして意気揚がるトルコ軍に、ナポリだけで対抗できると思っているのか。ここは教皇抜きで、私とあなたの間で手を打とうではないか。この説得は成功した。たぶん、財政難のナポリ宮廷には、メディチ銀行の融資も魅力だったに違いない。こうしてナポリ＝フィレンツェ間の単独講和が成立した。

フィレンツェに帰ってきたロレンツォは、驚喜する市民に凱旋将軍のように迎えられた。暴力によってでなく、知恵と弁舌によって相手を従わせたのだから、これほどフィレンツェ気質に合った勝利はない。ボッティチェッリは名作『ケンタウロスを鎮めるパラス女神』を描いてロレンツォの勝利を讃えた。ケンタウロスは暴力の、パラス女神は理性の象徴である。前者がナポリ王、後者がロレンツォを寓意《ぐうい》していることは明らかだ。これ以後ロレンツォに対する市民の尊敬は変わらず、メディチ支配は不動の安定を得た。ペストが襲来し、不況の波が押し寄せても、メディチ家に反対する動きは起こらなかった。

ローマ教皇シクストゥス四世も、フィレンツェ討伐の主力が降りてしまったのでは、講和を認める以外に術はない。ロレンツォはここで慎重さを発揮する。弟を殺した連中の後ろ楯である教皇に対して使節を送り、詫《わ》びを入れた形にして教皇の顔を立てた。その上、この教皇がヴァティカン宮内に建てた礼拝堂の装飾に協力し、ボッティチェッリ、ギルランダイオ、ピエロ・ディ・コジモら、そうそうたるフィレンツェ画壇の巨匠たちを動員してローマに送り込み、壁画を描かせた。これが現在世界で最も有名な礼拝堂、システィーナ礼拝堂の最初の装飾である。

ボッティチェッリ『ケンタウロスを鎮めるパラス女神』（ウッフィーツィ美術館蔵）

一方彼は、次男ジョヴァンニ

を幼いうちから聖職の道に進ませ、ローマとフィレンツェの絆《きずな》を強めようとした。このジョヴァンニが後に教皇座に就き、レオ十世となる。

メディチ文化の終焉

銀行の経営は他人任せにしていたからうまくいかなかったが、政治の運営は、この十年、ほぼ非の打ちどころがない。ヴェネツィア、ミラノとの同盟にナポリを加え、教皇庁との関係も友好に固まったから、イタリアに平和が保たれ、外敵も侵入の機会を見出せない。ロレンツォは市民の娯楽に意を用い、祝祭を盛大に盛り上げて、フィレンツェの宿痾《しゆくあ》であった派閥闘争を忘れさせようとした。カーニバルの山車は、フィレンツェ美術の巨匠たちの彫刻や絵で飾られ、祭りの歌はロレンツォ自身が作詞に当たる。彼は十五世紀イタリア文学を代表する詩人の一人であり、カーニバルのために書いた詩は、ルネサンス文学中の絶唱といわれる。

若いっていいもんだ
けれども花はすぐに散る
遊びたいなら今のうち

Quant'è bella giovinezza,
che si fugge tuttavia !
Chi vuol esser lieto, sia:

確かな明日はないものを　　di doman non c'è certezza.

その詩のこのリフレーンを若者たちは愛唱した。だが、サヴォナローラにとって、これほどけしからぬ思想はなかった。フィレンツェの若者から質実の気風を失わせ、遊惰《ゆうだ》に導き、信仰をないがしろにさせ、それによって自家の支配を安泰にしようとしているのだと、この修道院長は考えていた。このような支配は打倒しなければならぬ。彼の説教は激しさを加え、一部の市民は彼の思想に惹《ひ》かれ始めている。ボッティチェッリはすでにサヴォナローラの教えに帰依して、メディチ文化を否定し始めたし、哲学者ピーコ・デラ・ミランドラも同様の道をたどり、ロレンツォの師であったフィチーノすら動揺を隠しきれない。それに最近ではあのミケランジェロ少年すら、こっそりサヴォナローラの説教を聞きに通っているようだ。

だが、話せばわかるはずだ、向こうが信仰と道徳を基盤として考えているのなら、こちらも信仰と道徳に基づいて説けばよいのだ。心を開いて話し合うことができれば……。だが修道院長は彼と個人的に話し合うことを避けた。いつまで待っても院長は挨拶に出てこない。晴れていた空ににわかに雲が立ちこめ、時ならぬ嵐の気配がする。ロレンツォは腰を挙げ、ゆっくりと帰路に就いた。まだ機会はあるだろう、まだ……。どこからか歌声が響く、確かな明日はないものを、確かな明日はないものを……。

その一年後の一四九二年四月九日、ロレンツォ・デ・メディチ没。二年後の一四九四年、フランス軍大挙してイタリアに侵攻。同年メディチ家は追放され、サヴォナローラが、フィレンツェ共和国の政権を握る。この年を境に、イタリアの命運は転落の一途をたどる。

第七話　航海者コロンボの物語

クリストファー・コロンブス?

ロレンツォ・デ・メディチが亡くなったあの一四九二年の夏、スペインの小港パロスから、三隻の帆船が大西洋へと船出した。この船団が前人未踏の冒険の末、船出から二ヵ月後、ヨーロッパ人がかつてまったく知ることのなかった新世界に到達する。いわゆるアメリカの発見である。その先住民にとっては、「発見」でも「新世界」でもなく、とんだ迷惑でしかなかったかもしれないが、ヨーロッパにとってはまさに画期的な大発見だったのであり、それがその後の歴史に、大きな影響を与えることになる。

この船団を指揮した偉大な航海者の名は、日本では、クリストファー・コロンブスと呼ばれている。学校でそう習うし、百科事典類もその見出しで引くようになっている。しかし、何語の発音をこのカタカナ表記に移したのか、よくわからない。クリストファーというのは英語の読み方だが、英語だと、姓のほうの読み方は「コランバス」になるはずで、Columbus を「コロンブス」と読むのは、どう考えても無理だし、これではイギリス人にもアメリカ人にも通じないだろう。『岩波西洋人名辞典』を見ると、コロンブス〔羅〕という見出しになっている。「羅」はラテン語のことだから、ラテン語読みということになる。しかし、ラテン語読みだと「コルンブス」になるはずだし、第一、名のほうはクリストファーになるはずはなく、「クリストフォルス」でなければならない。姓名を合わせれば、「クリストフォルス・コルンブス」と読んで初めてラテン語読みになるのである。

日本では明治以来ずっとクリストファー・コロンブスと呼んで、それで皆が了解しているのだが、たぶん最初に紹介した人が発音がよくわからなくて、間違ったのだろう。「ミロのヴィーナス」というフランス語と英語まぜこぜの呼称が定着してしまったのと、よく似た事情だと思われる。どうせカタカナで外国語の発音が正確に表せるものでもないのだから、コロンブスでもいいようなものだが、これだけ国際交流が盛んになった現在、コロンブスというのは読み方を間違えたまま日本語になってしまったのだ、ということくらいは知っておかないと、とんだ恥をかきかねない。

アメリカ航路を最初に開発した偉大な航海者は、イタリア人であり、れっきとしたジェノヴァ市民の子であったのだから、イタリア語読みをして、クリストフォロ・コロンボ（つづりは Christoforo Colombo）と呼ぶのが、妥当であろうと思う。有名なテレビ・ドラマに出てくる警部と同じ姓で、そう言えばそのロス警察殺人課のコロンボ警部も、イタリア移民の子孫なので、注意してあのドラマを見ていると、なるほどと思うことが時々ある。

しかし、航海者コロンボは、スペイン王の（正確に言えばアラゴン王とカスティーリャ女王

クリストフォロ・コロンボ

の）臣下として大西洋を横断したのであり、アメリカ発見以後死ぬまでスペイン王国の官吏として通したのだから、フランス王国の宰相を務めたイタリア人マツァリーノを「マザラン」とフランス語読みで呼び慣わしているように、スペイン語読みで呼んだほうがいいという向きもあろう。その場合は、クリストバル・コロン（つづりは Cristóbal Colón）ということになる。そのほか、フランス語読みではクリストフ・コロン、ドイツ語読みではクリストフ・コルンブスだし、英語読みを通すならクリストファー・コランバス、ラテン語読みで行くならクリストフォルス・コルンブスというわけで、日本人にさえわかればよいのならコロンブスでも差し支えないのだが、その発音ではあんまり、という気もするので、今回の物語では「クリストフォロ・コロンボ」と、イタリア風に呼ぶことにしよう。

イタリアにとっての「アメリカ発見」

だがこのコロンボの大事業は、イタリア人にとってはありがたいものではなかった。アメリカ大陸の先住民と同じく、イタリア人にとっても、コロンボの「発見」はたいへんな迷惑であって、イタリア全体が衰亡の坂道を転がり落ちようとしていたときに、それを後ろから突き飛ばすような効果を生みだしたのだ。

中世からルネサンスにかけてのイタリアの繁栄は、貿易と金融によって築かれたものである。それによってフィレンツェやヴェネツィアがヨーロッパでは群を抜く経済大国となり、フィレンツェやヴェネツィアの通貨がヨーロッパの国際通貨として、絶大な信用を誇った。そしてその経済力を基盤としてルネサンス文化の花が咲き誇り、全ヨーロッパを魅了し、イタリアは超一流の文化大国となったのである。

いわゆる東方貿易、つまり主としてアジアとの交易が、地中海を主舞台として行われる以上、イタリアの地理的位置の優位性は、圧倒的だった。何しろイタリア半島は、地中海の真ん中にどんと張り出しているのだ。ジェノヴァやヴェネツィアの商船が、地中海を我が家の庭のように往来し、珍しい東方の物品を積んで帰れば、一挙に巨富を得ることも難しくはなかった。ヴェネツィアのサン・マルコ広場には、諸国の商人が蝟集《いしゅう》して盛んに取引に精を出し、この経済繁栄の恩恵にあずかろうとしていた。

だが、いわゆる「大航海時代」が本格的に始まると、東方貿易の主舞台は、地中海航路から大西洋航路、インド洋航路へと移っていく。ヨーロッパ経済は内海から外海へと、大きく視点を移動させたのである。それとともに、航海の技術も革命的に変化する。羅針盤の性能が精密化し、世界地理の情報や知識が飛躍的に拡大しただけではない。地中海航路で主力であった櫂《かい》で漕ぐガレー船は、風波厳しい外海では役に立たず、穏やかな天候に恵まれたとしても遠路長期の航海には耐え得ない。それに代わって大型の帆船が主力の座を奪っていく。こうした革命的変化の中で、イタリアの地理的優位などはもはや何の意味もなくなり、航海の技術や設備も、イタリアではなくまずスペイン、ポルトガル、次いでオランダ、イギリスと、大西洋に面した国々を中心に発達することになる。こうした革命的大変化の流れに棹さし、この流れを滔々《とうとう》たる大河に成長させた大事件の一つが、コロンボのアメリカ航路開発であったことは言うまでもない。

もちろん、こんな大変動が一朝一夕に完成するはずもなく、イタリア経済がすぐにどん底に陥ったわけでもない。コロンボの亡くなった一五〇六年にはまだ、ヴェネツィアもジェノヴァもフィレンツェも、経済大国としての地位を失ってはいない。しかし、その百年後、あるいは百五十年後のヨーロッパを概観すれば、事態はもはや明らかである。イタリアはただ政治的に独立を失い、スペイン支配のもとに呻吟しなければならなかっただけでなく、経済的にも他の諸国の後塵《こうじん》を拝し、国際金融の中心はオランダに移り、文化のヘゲモニーさえフランスに奪われてしまっている。

このイタリア経済衰退の過程のなかで、とどめの打撃となったのが、スペイン領となったアメリカ大陸からの大量の金銀の流入だったことは、明らかな事実である。スペイン人は中南米のアステカ王国やインカ帝国を征服し、まずそこに蓄積されていた大量の金銀を奪って本国へ送り、さらには先住民を酷使して金銀鉱山を採掘し、これもどんどんスペインへと運んだから、カディスの港に着くスペイン船は、それまでの観念からすれば法外としか言いようのない量の金銀を、毎週毎月ヨーロッパに流入させたのである。

そういうことをすればどうなるか、今日では誰でも知っているが、経済学というもののなかった当時は誰も知らなかった。すなわち、悪性のインフレーションである。物価が軒並みに上がり、金銀の価格が大幅に下落し、ということは通貨の価値が下落を続ける、ということだ。ヨーロッパは史上初めて、深刻なインフレを経験することになった。そしてこのインフレで最も大きな打撃を受けたのが、それまでヨーロッパ金融の中心だったイタリアなのである。

国際機軸通貨であったフィレンツェのフィオリーニ金貨、ヴェネツィアのドゥカーティ金貨は、このインフレの大波の中でかつての威力を失い、イタリア諸都市の諸銀行に蓄積されていた富は、バブルのように弾け飛ぶ、とまでは行かずとも、大幅に価値を低下させた。こうして、イタリア経済の基盤をなしていた貿易と金融の両面で、イタリアは回復不可能の打撃を受け、ついに立ち直ることができなかったのである。

しかし、考えてみると奇妙ではないか、ジェノヴァが育てた航海者コロンボが、フィレンツェの学者トスカネッリの学説を信じて大海の冒険に乗り出し、西回りでアジアにたどり着こうとした結果がアメリカ発見となり、それがこれほどの悲劇的な効果をもって、母国イタリアに跳ね返るとは。

コロンボの航海については、すでにたくさんのことが書かれている。今回の物語では、彼が航海に乗り出すまでにどんな人生を送ったかを中心に、話を進めよう。

織物業者の息子

コロンボが生まれたのは一四五一年、父はジェノヴァの織物業者で、れっきとしたジェノヴァ市民だった。コロンボが実はユダヤ人であった、という説が十九世紀末からまことしやかに吹聴《ふいちょう》されていたことがあったが、根拠のない俗説にすぎない。彼も両親も信仰篤いカトリック教徒であって、ユダヤ教の匂いはどこからもしてこない。だが、織物業者の長男に生まれて、家業を継ぐはずのコロンボが、航海者になったのはどういうわけだろうか。それは、ジェノヴァという町の性格がそうさせたのだと言うほかはない。

この時代のジェノヴァはヴェネツィアと並ぶ地中海最大の貿易港であって、この都市の経済と文化を支えているのは海上貿易であった。ジェノヴァのガレー船は定期的に大量の貨物を積み、スペインとポルトガルの沿岸に沿ってフランドルとイギリスに運んでいたし、エーゲ海や中近東にも多くの寄港地と植民地を持っていたのである。したがって、この都市の支配権を握っているのも、やはり貿易商人と、貿易で産を成して銀行に転じた金融業者である。上昇志向の強いコロンボの父は、織物業を家内工業的に地味に運営するに飽き足りず、貿易に手を伸ばし、毛織物だけでなく、ワインやチーズをも商っていた。父の上昇志向を受け継いだコロンボが、航海にのめりこむようになるのは、自然な成り行きだった。

一四七〇年、父が同じリグリアのもう一つの港町サヴォーナに引っ越すと、息子がジェノヴァで羊毛、チーズ、ワインを仕入れ、それを小さな帆船に積んで、サヴォーナに運び、父がそれを売りさばくという分担になった。それがクリストフォロ・コロンボの船員修業の始まりである。しかし、そんなローカルな小商いに満足するコロンボではなかった。二十代も半ばにさしかかると、ジェノヴァの大富豪でもちろん貿易商のスピノラ家に渡りをつけ、その商船団の乗組員となって、遠洋航海に出ることになる。一四七六年、スピノラ家とディ・ネグロ家の合同大船団がジェノヴァ港を出てフランドルへ向かったとき、コロンボはすでに一人前の水夫としてそれに乗り組んでいた。そしてこの航海がコロンボの運命を切り開いたのである。

ポルトガルへ

船団がポルトガル沿岸沿いに航行し、ラゴス沖にさしかかったとき、突如フランス船隊が現れ、攻撃を仕掛けてきた。この時代、商船と軍船と海賊船の区別はない。商船にも武器は常備しているから、ジェノヴァ船団も応戦、激しい海戦となった。コロンボにとって戦闘は初めての経験だったから、たちまち負傷、海に転落し、波に浮かぶ一本の櫂にすがって、半死半生でラゴスにたどり着き、そこで手当を受けた後、ポルトガルの首都リスボンに出る。

この時期、ポルトガルは、遠洋航海と地理的知識の拡大という面では、ヨーロッパで最も進んだ前衛であった。大洋への道を最初に切り開いた偉大な航海王子エンリーケはすでに十六年前に世を去っていたが、ポルトガル船は西アフリカ航路をほぼ独占して、ギニアから胡《こ》椒《しょう》、象牙《ぞうげ》、奴隷、砂金などの商品をリスボンに定期的に運び込んでいたし、大西洋のかなり奥深くまで探検を進めてもいた。ヨーロッパ人の既知の世界の限界を次々に押し広げていったのは、このイベリアの小国であった。コロンボがこの国に魅力を感じ、リスボンを第二の故郷としたのも、当然の成り行きであった。

かつてイベリア半島の大半を支配していたイスラム勢力は、キリスト教陣営の攻勢の前に後退を続け、今はグラナダ周辺の小地域に追い込まれていた。だが、イスラム勢力が全体として後退したわけではない。西で衰えても、東ではその力はますます強まっていた。イスラム世界の中では新興国に属するトルコが、コンスタンティノープルを陥落させ、ビザンツ帝国を壊滅させたのは一四五三年、つまりコロンボが二歳の時である。それ以後もイスラム・トルコはどんどん勢力を伸ばし、東地中海全域を併呑《へいどん》しようとする勢いである。こうなると、従来のアジアとの貿易路は寸断されざるを得ない。貿易立国のジェノヴァやヴェネツィアにとっては、国の存立にかかわる大問題だ。現に、東地中海とその周辺から、ジェノヴァやヴェネツィアの商人は閉め出されつつある。この状況の中で、ヨーロッパ経済の希望がしだいにポルトガルという、大西洋にまっすぐ面した国にかかってくるのは当然の成り行きであり、新しい航路の開発に諸国の関心が集まってくるのも、これまた当然の成り行きであった。コロンボはこの事情をすぐに理解したようである。

航海技術と地理的知識

事実かどうかは確かでないが、「コロンボの卵」という有名な逸話がある。地球は丸いのだから、東から回っても西から回っても同じところへ着くことができる。簡単な理屈で、誰にでも可能なことだ、とからかわれて、コロンボが憤然、ではこの卵をテーブルに立てられるかと聞き……という、誰でも知っている話である。卵の話はどうでもよいが、この時代でも、地球が丸いというのは、ヨーロッパ人の常識であって、ダンテの『神曲』でも、大地が球体を成しているというのが当然の前提とされている。だから、東回りの道を遮断されたら西回りの道を取ればよい、というのはたしかに誰でも考えつく理屈だ。だから、航海者コロンボが偉大なのは、その着想によってでも、理屈を実行に移した勇気によってでもない。現実に西回りでアジアに達しようとすれば、何が必要になるか。まず大洋を越えていく航海技術を持っていなければならない。海洋国家ジェノヴァで育てられ、航海先進国ポルトガルで多くを学んだコロンボは、すでに遠くアイスランドまでの単独航海をも経験し、その点での自信をもっていた。

だが、技術があっても、ただ当てもなく西へと漕ぎ出して、どうなるものでもない。地球が丸いと知っていても、直径がおよそどのくらいあるのか、それがある程度合理的な基礎に基づいて推定されないことには、船を出すことはできない。だから、第一に航海技術、第二に知識と情報が必要なのだが、これだけではすまない。最大の問題は、その航海に要するであろう巨額の資金をどこに求めるかである。出資者がいなければ、技術と知識がどれだけ正確であっても、その計画は画に描いた餅《もち》である。技術と知識と資金、この三つを確保したと信じたから、コロンボは大西洋に乗り出し、アメリカ大陸に到達したわけである。

では、コロンボはその第二の条件、地理的な知識を、具体的にどうして得たのだろうか。それには彼の弟、バルトロメーオ・コロンボの協力が不可欠であった。この弟もジェノヴァ人らしく、海と航海に強く惹かれた。だが、彼の関心は、航海そのものより大洋での冒険から得られる新しい知識に集中していた。ジェノヴァは当時のヨーロッパでは、地図製作の中心地で、新しい地理的発見の情報を集め、それを地図に記入して売り出していた。バルトロメーオは勉強して自分も地図製作者として身を立てたいと思ったのである。地図製作の修業にいそしむうち、彼は、新しい情報の大部分がポルトガルからもたらされることに気付かずにはいなかった。兄クリストフォロがリスボンにいることを知ると、彼もリスボンへとやってきたのである。

クリストフォロが弟の影響を受けたことは明らかである。それまでラテン語を読めなかったのに、努力して文法を修め、地理書を読み、さらにはバルトロメーオと兄弟共同して地図出版の事業を始めた。リスボンの人々は世界の拡大と地理上の新発見に強い関心を持っていたから、地図販売はいい商売であったが、商業上の利益よりもコロンボに幸いしたのは、この仕事から派生する、学者や官吏たちとの交際であった。その人脈をたどって彼は、フィレンツェの学者トスカネッリの知遇を得る。トスカネッリは地球の大きさについて深く研究しており、マルコ・ポーロの『東方見聞録』の価値を十分に認めており、ポルトガル王からの

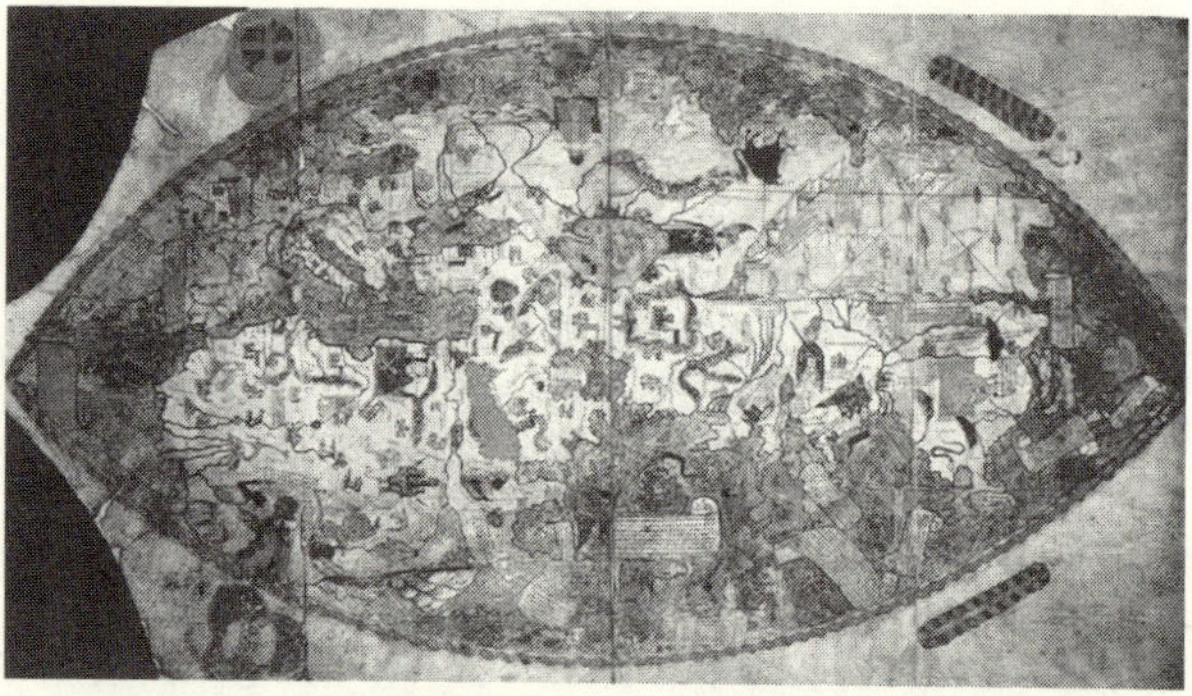

トスカネッリの球体世界地図　トスカネッリはフィレンツェの天文学者で、上の地図はポルトガル国王に献上された。

諮問に対して、アフリカを迂回するよりも西へ大洋を横断するほうが東アジアに達するには得策である、と回答していたのである。クリストフォロはこの学者の考えに共鳴し、自分がその新航路の開発者となることを夢想し始めた。

彼はトスカネッリ先生に手紙を書き、地球の正確な大きさや、中国と日本の位置について質問した。先生は親切に返事をくれて、質問に答え、くわしい学問的情報を伝授してくれた。トスカネッリの説によれば、ポルトガル海岸から中国までの距離は五千海里で、実際よりずいぶん地球を小さく見積もっていたのだが、当時としては最高の研究成果だったので、コロンボが自信を持ち始めたのも当然だった。

さあこれで、資金の提供者さえ現れれば、大西洋航路開発の冒険に乗り出すことができる。だが、この第三の条件をクリアするのがたいへんな難事だったのである。

ポルトガル国王への請願

新航路開発の野望を抱くコロンボに、パトロンへの接近の道を切り開いたのは、結婚であった。一四七九年、コロンボはフェリーパという名の女性を妻に迎えた。彼女の父バルトロメーオ・ペレストレッロは、ピアチェンツァ出身のイタリア人だが、ポルトガル王に仕え、マデイラ諸島の一つ、ポルト・サント島の領有を許され、ポルトガル貴族となっていたのである。その前年、コロンボはジェノヴァの豪商ディ・ネグロ家から砂糖を仕入れる仕事を請け負って、マデイラ諸島へ航海していたから、たぶんその時にフェリーパと知り合ったのだろう。二人は恋に落ち、めでたく結ばれ、織物業者の息子はポルトガル貴族の一員となり、こうしてポルトガル宮廷への足がかりを作った。野望をみたす手段としてこの結婚に踏み切ったのか、それとも純粋な愛がたまたまそういう幸運をもたらしたのかは定かでない。

フェリーパの父バルトロメーオは航海王子エンリーケの配下としてポルトガルの大洋進出に腕を振るい、その功績でポルト・サント島の領主になった人だから、彼の死後も、王室との関係が保たれていたのだろう。コロンボはポルトガル宮廷に出入りを許されるようになり、時の国王ジョアン二世に西回り航路開発の必要を訴え、船団を提供して自分の事業を後援していただきたいと請願した。それまでにも、ジェノヴァ出身の航海者がポルトガルのために大きな貢献をしたことがたびたびあったから、ジョアン二世はその請願に好意を示したが、慎重な王様だったので、即答はせず、数学者や天文学者から成る委員会に、審査を託した。

コロンボはトスカネッリの計算でも東アジアまでの距離が長すぎると思ったので、アラブの地理学者アル・ファルガーニーの説を採用することにした。この説では地球の円周は二万四百海里となる。これはメートル法に直して四万二五九キロとなり、現代の測定値とほぼ同じになるから、非常に正確だったと言える。だが、同じ海里と呼ばれていても、アラブとイタリアでは長さが違うので、イタリア海里のほうが短いのである。それをコロンボは知らなかったのか忘れていたのか、同一視してしまったから、地球の円周は三万一四一キロとなり、実際よりずっと小さいことになる。この思い違いをポルトガルの学者たちは見逃さなかったから、こんな杜撰《ずさん》な間違いがあるようではと、この請願を却下する答申を出した。

スペイン女王への請願

その間に彼のライバルは着々と準備を進めていた。フランドルの航海者ファン・オルメンである。彼はアジアへの西回り航路開発などと大風呂敷を広げることは慎重に控えて、大西洋の果てに何があるのか探検するという目標を立てた。そのうえ彼は、航海の費用を自弁すると申し出たから、王様はこちらの提案に乗ることにした。ファン・オルメンは二隻の帆船を駆って西へ向かう。四十日後に陸地に達するつもりだったという。コロンボが後にアメリカに到達するのに三十六日かかったことと思い合わせると、フランドルの航海者の知識が、かなり正確なものだったことがわかる。たぶん、コロンボよりはずっと詳しく大西洋について知っていたのだろう。だが運勢は彼に味方しなかった。暴風雨に襲われ、大西洋の荒波に二隻の船は呑み込まれ、船長も帰らぬ人となる。一四八七年のことである。

その翌年、ポルトガルの航海者バルトロメウ・ディアスがアフリカ大陸迂回に成功、喜望峰を発見してリスボンに帰り、国王に成果を報告する。ポルトガル国王の方針は、アフリカ回りのアジア航路開発に向かうこととなり、西回り航路の開発はもはや関心の外となった。コロンボの希望はこうして挫折した。ポルトガル宮廷への足がかりをつかんでから八年、その間の努力は水泡に帰し、妻フェリーパもすでにこの世の人ではなかった。だが、これで夢を諦めるようなコロンボではなかったのである。

ポルトガルがだめならスペインがある。亡き妻の忘れ形見ディエーゴの手を引いて、コロンボは旅を続けた。スペインが海外進出に後れをとったのは、イベリア半島になお残るイスラム勢力との戦いに力を傾けなければならなかったからである。アラゴン国王とカスティーリャ女王とが結婚して、統一スペインが成立したのもまだ最近の話で、この国は王と女王の共治体制下にある。レコンキスタ、すなわちイベリア半島をイスラムからキリスト教側に奪回する戦いも、今や終わりに近づいている。一四八七年マラガ陥落、かつてイベリアの地の大部分を支配下に置いたイスラム勢力も、もはやグラナダ以外のすべての拠点を失っており、国土の統一は目前、その後の国策としての大洋への進出は、すでに王と女王の意中にあった。

コロンボはフランチェスコ修道会の組織をたどって女王に接近する手がかりをつかみ、熱弁を振るって自分の計画の賛同者を増やしていった。メディセナリ公やセヴィーリャ大司教デサらの要人が、彼の話に耳を傾けるようになり、女王イサベルに彼を推挙してくれた。女王はポルトガル王と同じく、西へ航海してアジアに達しようとするコロンボの提案を、専門委員会に付託して、答申を求めた。コロンボの計算の間違いは、スペインの委員会でも問題となり、危うく却下の結論が出そうになったが、デサが頑張ってコロンボを擁護、なんとか決定を引き延ばした。一四八七年、マラガの陣営でイサベル女王に拝謁を許されたとき、コロンボは夢の実現に大きな期待を抱いたが、待てど暮らせど女王様からは何の沙汰も下らず、五年の歳月を空費しなければならなかったのである。コロンボはポルトガルとの交渉再開を図ったり、弟バルトロメーオをイギリスとフランスに遣《や》って、援助を要請させたりしたが、いずれも実りがなかった。

ジェノヴァ財界の後押し

西回りアジア航路の計画を立ててから実に十数年、コロンボは後援者を求めて苦闘してきたが、一四九一年末にはすべての希望が断ち切られたように思われた。メディナセリ公の館に居候しながら、それでも彼は夢への執着を捨てることができず、マルコ・ポーロ『東方見聞録』、ピッコローミニ『世界誌』などの地理書を読みふけり、二千カ所以上も書込みをしている。

一四九二年一月グラナダ陥落。ついにイスラム勢力はイベリア半島から姿を消すことになったが、スペインもこの戦いで財政が底をついていた。コロンボはグラナダ開城の儀式に参列したが、女王の顧問会議はすでに請願却下を決定していた。失望したコロンボはフランス王に対して最後の努力を傾けるべく、出発の用意をしていた。その時、女王の使いが彼を宮廷へ呼び戻しにやってきた。新たな支援者が現れて、女王説得に成功したのだ。その人の名は、アラゴン王の財務官ルイス・デ・サンタンヘル。

「コロンボを支援しなければ、いずれ他国の君主が彼の到達する土地を支配することとなりましょうぞ。我らが正しい信仰をその土地にもたらさなければ、神の御心にもかなわぬでありましょう」

「でもお金がたくさんいるでしょう。今は国庫にそんな余裕はありませんよ」

コロンボが乗った船　第1回航海から帰った後、コロンボがサンタンヘル宛に書いた報告は各国で出版された。図はバーゼル版見返しの版画。

「確かに。二〇〇万マラベディという巨額が必要でございます。でもその費用は、この私が何とか工面をいたしましょう」

　これでイサベル女王の心は決まった。コロンボは呼び戻され、両王との間に協約を取り決め、彼の計画はスペイン王国の国家事業として実現の運びとなった。

　だが、サンタンヘルはなぜそれほどまでにコロンボを支援する気になったのか、そして、二〇〇万マラベディという巨額の費用を、どのように捻出《ねんしゅつ》するつもりだったのか。この時代の財務官のほとんどが実業家を兼ねていて、サンタンヘルも営利事業に手を出していた。その資金を提供していたのがジェノヴァの銀行であった。サンタンヘルの協力者で同僚でもあったフランチェスコ・ピネッリは、ジェノヴァの銀行家の一人だった。実際にサンタンヘルが提供したのは三五万で、一一四万マラベディをこの銀行家が融資している。残り二五万をその他のスペイン在住のジェノヴァ人金融業者が、最後の二六万をセビーリャ在住のフィレンツェ商人ジャンノット・ベラルディが提供している。コロンボの背後には、ジェノヴァの財界が控えていたのである。

一四九二年夏、コロンボは勇躍してパロスの港を後にする。十月十二日、カリブ海の島に上陸、この島をサン・サルバドルと名付ける。これがいわゆる「アメリカ発見」である。この航海についても、その後のコロンボの運命についても、すでに広く知られている。ともすれば恐怖と不安のとりこになる船員たちを叱咤《しった》激励して、未知の大洋を横切ったコロンボの不撓《ふとう》不屈の精神力も、後代の称賛の的となった。だが、彼の不屈の意志力が最も強く発揮されたのは、その計画を実現するまでの十数年ではなかったかと、私は思うのである。

第八話　画家カラヴァッジョの物語

衰退のなかの大輪の花

コロンボは結局、航海者としてイタリアで育てられ、新航路開発についての主要な情報をイタリア人学者から教えられ、イタリアの銀行が融資した金で航海費用をまかなって船出し、歴史的大発見をやってのけた。スペイン王国が彼に与えたのは、三隻の帆船と王国の権威だけだったが、この発見の成果はすべてスペインが独占することとなり、イタリアはこの発見によって何も得るものがなく、かえって新大陸の金銀の流入のために大損害を受けることになった。こんなことならジェノヴァ共和国がコロンボの計画を国家事業として後援すればよかったのに、と思う人もあろうが、この共和国は国家としてはひどく弱体であって、そんな冒険に乗り出せるような覇気も実力もなかったから、コロンボだってそんな国家を頼りにしようとは決して思わなかったのである。そして、他のイタリア諸国も、大なり小なり同じ状況の中で、ひたすら保身だけを考えていた。

それでもまだイタリアはヨーロッパではいちばん裕福な地域であって、ジェノヴァ、ヴェネツィア、フィレンツェ、シエナの銀行にはうなるほど金があったが、彼らは自分たちが直接事業に乗り出すよりも、他国の王様にリスクを背負わせて、利息を手に入れるほうが安全だと思っていたから、コロンボに直接資金を提供することなど考えてもみなかったに違いない。こうしてイタリアは奈落の底へと落ちていく。

コロンボが失意のうちに世を去ってからしばらくして、ドイツに起こった宗教改革の嵐はたちまち全欧を覆い、ローマ・カトリック教会は大混乱に陥った。分裂の痛手から立ち直るために、教皇庁は強国スペインの武力を後ろ楯にしなければならなかった。スペインはその代償に、イタリア半島全域に覇権を確立し、ミラノ公国を王の直轄領とした。態勢を立て直したカトリック教会は、組織を引き締め、綱紀を粛正して反撃に出る。いわゆる反宗教改革である。イタリア半島はスペインの陰鬱な支配と、厳しくなった教皇庁の締め付けのもとで雰囲気一変、ルネサンスの光は消え、ロレンツォ・デ・メディチ在世時のあの華やかな祝祭は、はるか遠い昔のことと思われた。

不羈《ふき》奔放《ほんぽう》なルネサンス人は生きにくくなった。異端審問の脅威の前に、言いたいことも言えなくなり、個性や独創は発揮の場を失い、ひたすらおとなしく司祭の言うことを聞いていなければならなくなった。事実異端の嫌疑がかかればすぐにも引っ立てられ、最悪の場合は火あぶりである。

十六世紀末のイタリアは、政治的にはスペインの属国に近く、軍事的には無力、経済力はなお維持していたが、その見通しはすこぶる暗かった。だがその中でイタリアは、文化大国として最後の大輪の花を咲かせた。ローマに発した新芸術様式は、全ヨーロッパに広がり、やがて「バロック」という名で呼ばれるようになり、西欧文化の一時代を築くことになる。そしてこの新しいスタイルを絵画の面で体現したのがカラヴァッジョ、本名をミケランジェロ・メリージという画家である。

画家の自画像

ナヴォーナ広場を東へ抜けて、ハドリアヌス帝再建のあのパンテオンのほうへ少し歩くと、マダーマ宮、すなわちイタリア上院議事堂になっている大きな建物がある。その向かい側にそれよりずっと小さい教会堂がひっそりと建っている。サン・ルイージ・デイ・フランチェージという長い名前の聖堂である。扉を開けて入ってみると、中はかなり暗い。正面祭壇に向かって進み、左手のいちばん奥のチャペルに、カラヴァッジョの代表作三点がある。堂内は暗くてよく見えないが、何百リラかのコインを入れると灯りがつく照明器がある。硬貨がかちゃっと音を立てて落ちると、鮮やかなイメージの世界が現れる。『聖マタイの召命』である。

画面は倉庫のような大きな部屋、壁には窓が一つ開いているきりで何の装飾もなく、その窓ガラスも煤《すす》で汚れたのか、外光は射してこない。調度は四角いテーブルが一つと粗末な椅

カラヴァッジョ『聖マタイの召命』（サン・ルイージ・デイ・フランチェージ聖堂）

子がいくつかあるばかり、その薄暗い部屋の中に五人の男がいる。部屋が殺風景なように、男たちの心もすさみきり、一人は卓上に硬貨を並べて勘定している。その金を持ってこれから悪所に繰り出すのか、それともインチキ賭博《とばく》でその金を奪い合うのか。カラヴァッジョがしばしば描いたこの種の情景は、画家自身がその中で生きていた環境でもあった。ロンバルディーアの田舎町からローマへ出て六年、賭博、買春、男色、暴力沙汰の闇の世界に、彼はすでに片脚を突っ込んでいた。傷をなめ合うようにして集まった無頼の徒が、互いに相手に対する憎悪と軽蔑《けいべつ》を深めながら、それゆえにいっそう連帯の絆が強まっていくのをどうすることもできない地獄のような世界。それをカラヴァッジョは身をもって知っていたのである。

急に扉が開いて、その世界にまぶしい光が射し込み、戸口にキリストと一人の使徒が立っている。「我に従え」とキリストは指差して言う。「私か」と言うように自分の胸を指すのがマタイである。この瞬間、彼はただれた古い連帯の鎖から解放され、不安に満ちた新しい連帯の鎖につながれる。その新しい連帯は彼を十字架への道に曳《ひ》いて行くのだ。欲望にふやけ、自棄にすさんだ他の男たちの顔に囲まれて、マタイの表情だけが厳しく輝き、それを浮かび上がらせる光も、キリストの表情もまた峻烈《しゅんれつ》である。

だがカラヴァッジョはマタイではない。カラヴァッジョの顔を見たければ、この絵を離れて、その隣の絵『聖マタイの殉教』に眼を移すがよい。画面中央に裸の刺客が立ちはだかり、抜き身の剣を提げ、聖者の右手首を摑んで、今その胸を刺し貫こうとしているところである。この時聖マタイはキリスト教への入信者を集めて洗礼を与えようとしていたのだが、改宗のために集まった信徒たちは何が起こったのかわからぬままに逃げまどう。その一人、画面のいちばん奥に、逃げながら聖者のほうを振り返る男の顔が、鋭い光の中に浮かび上がっている。それが画家の自画像なのである。

異端者の処刑

サン・ルイージ・デイ・フランチェージ聖堂を出て、ナヴォーナ広場に戻り、今度は南へ抜けると、すぐにもう一つの小さな広場に行き当たる。カンポ・デイ・フィオーリ、訳すと「花の広場」、今も日曜日には花屋がこの広場に店を出す。カラヴァッジョが聖マタイの絵を仕上げてから二年後の一六〇〇年二月十七日早朝、この広場には櫓《やぐら》が組まれ、その下にたくさんの薪の束が置かれていた。夜が明けるか明けないかの時間だから、広場に人気はない。

そこへ一人の男が曳き出されてくる。四つの修道会の七人の神父が付き添っている。櫓は火刑台で、異端者の処刑が実行されるのである。神父たちは一晩中この男を転向させようと努力を続けたが、無駄だった。転向したら命が助かるわけではないが、ひょっとしたら地獄へ落ちないで済むかもしれない。異端の主張を続けたままなら、間違いなく地獄行きだぞ。そんな説得を彼はまったく受け付けなかった。彼は服を脱がされ、柱に縛り付けられた。薪の山に油が掛けられる。呪詛《じゅそ》や悪罵《あくば》が漏れないように、口かせをはめ、舌を押さえつける。何しろ異端裁判で判決文が朗読された後、審問官席を指して、「この罰を受けた私より、この罰を科したあなた方のほうが怖がっているではないか」と叫んだ男である。火が放たれる寸前、一人の修道士が彼の目の前に十字架を差し出す。彼は侮蔑の態度で目を背けた。一瞬後、炎はゆっくりと彼を包み、彼を焼き殺した。

現在この広場の中央には、この男の立派な記念像が立っている。その名はジョルダーノ・ブルーノ（一五四八～一六〇〇）、高名な哲学者であり、ユニークな詩人でもあった。聖体の神秘を否定し、キリストや聖者たちの奇蹟を疑い、修道士を侮辱し、哲学をもって宗教に代えようとした、というのが彼にかかった嫌疑であり、コペルニクスの地動説を支持したことも、罪状の中に加えられていた。ロレンツォ・デ・メディチの時代なら、このような疑惑で異端審問に呼び出されることもなく、いわんや火あぶりになるなどあり得なかった。宗教改革と反宗教改革の激しいせめぎ合いの中で、かつて文化の保護者であったカトリック教会は、文化の抑圧者に一変したのである。イタリア・ルネサンスの自由闊達《かったつ》な雰囲気は、もうどこにも存在しなかった。

なぜこういうことになるのか、何が悪くてこう窒息しそうな空気がローマを覆うのか。民衆には何もわからなかった。カラヴァッジョもまた民衆の一人として、わけもわからず逃げまどうだけだった、聖マタイ殺害の場面にたまたま居合わせた入信者たちのように。

札付きの不良

北伊ロンバルディーア州にカラヴァッジョという田舎町がある。ここから西へ四十キロほど行くとミラノ、北へ三十キロほど行くとベルガモだが、町外れに聖母マリアの奇蹟が起こったと言われる場所があり、聖地に指定されて巡礼を迎えているほかには、見るべきものとてない平凡な小村である。

十六世紀も終わりに近づく一五七三年、領主のお抱え建築家としてこの町では羽振りのよいフェルモ・メリージ親方の家で、一人の男の子が誕生した。次男だったが、親方はこの子にミケランジェロという名をつけた。巨匠ミケランジェロ・ブオナローティがローマで没したのは九年前だったが、偉大な芸術家の盛名はこの田舎町にも聞こえていた。王侯貴族もその前では帽子を脱ぐと言われた巨匠にあやかりたかったのであろう。果たせなかった自分の夢を、我が子に託す思いがその命名に込められていた。

その子は期待どおりの天才であったが、父はその才能の芽生えをも見ることなく病没、その子が十歳の時にはすでに母も世になかった。ミラノへ出てある画匠に弟子入りし、修業を重ねた孤児はすぐに天分を発揮するようになり、世紀末にはローマへ出て、デル・モンテ枢機卿というパトロンもついた。サン・ルイージ・デイ・フランチェージ聖堂の礼拝堂装飾を任されたのが二十四歳の時だから、とんとん拍子の出世に見えるが、彼はミラノにいる頃からすでにぐれ始めていた。喧嘩と賭博に明け暮れ、女性関係でも問題を起こし、男色の趣味もあったようだ。一六〇一年、聖天使城の警吏と喧嘩して切りつけ、傷を負わせる。一六〇三年、仲間と徒党を組んで出入りに及び、逮捕される。一六〇四年、ローマの料理屋で給仕の顔にカルチョーフィの皿を投げつけ、告訴される。同年、ポポロ広場で警官隊に石を投げつけ、逮捕される。一六〇五年、武器不法所持で逮捕される。同年、婦女暴行で投獄される。同年、モデルで愛人であったレーナをめぐって刃傷沙汰《にんじようざた》に及び、ジェノヴァに逃げる。この事件を何とか示談で済ませてローマの下宿に帰ってくると、宿の女主人が中へ入れてくれない。そんな危険な下宿人はお断りだというわけだが、荷物も家賃代わりに取られてしまったので怒り狂い、石を投げつけて窓を壊し、また逮捕。十七世紀初頭の五年間、警察の記録に残っているだけでこれだけの事件を起こしている。パトロンの口ききでいつも刑は免れたが、教皇庁警察は彼を札付きの不良と見なしていた。

モデルは貧しく無学な人々

美術家が知の最先端に位置した時代は終わっていた。時の文化の最大問題は美から信仰に移り、新教旧教どちらの陣営でも、美は信仰に従属し、信仰に奉仕すべきものとされた。イタリアではローマ教皇の権威が絶対的であったし、反宗教改革の巨濤の中でその権威はますます絶対化され、教会は美術のテーマや様式や技法にまで規制を加え始めた。もはやミケランジェロやラファエッロの時代ではなかった。デル・モンテ枢機卿が後援者だといっても、再び強められた封建的身分制の中では、天才画家も枢機卿の家来として扱われ、巨匠ミケランジェロのような待遇は受けられなかった。だから誰も彼をミケランジェロという本名で呼んでくれず、出身地のカラヴァッジョが彼の通称となったのである。彼が非行の道に走った原因はよくわからないが、枢機卿の館で下男と同じ扱いを受けたことに憤懣《ふんまん》を洩らしていたのは事実である。

それに、社会の変化とともに美術家自体も変わっていた。ルネサンス期の美術家のような万能人はもはや存在せず、建築・彫刻・絵画の三部門にわたって技量を示せる美術家は、十七世紀に入るとベルニーニだけだった。カラヴァッジョは油絵しか描けなかった。だからルネサンス期の美術家たちのように大工房を構える必要はなく、大勢の弟子をかかえる面倒もなかった。油彩の道具さえ持っていれば、一人で仕事ができたのである。専門化の波が美術家の生き方をすっかり変えてしまいつつあった。美術家が教養深い知識人であり得た時代は去り、カラヴァッジョも民衆と大して変わらず無学で無教養だった。

だが彼にとっては、使徒や聖者たちも、聖母やその家族さえも、教養深いインテリであるはずはなかった。彼らもまた貧しい民衆であり、無学で素朴な人々であったはずだ、と彼は信じていた。例のサン・ルイージ・デイ・フランチェージの「聖マタイ伝」連作の三枚目は、福音書を書いているマタイの姿を描いているが、空中に天使が飛んでいて、聖者に書き方を

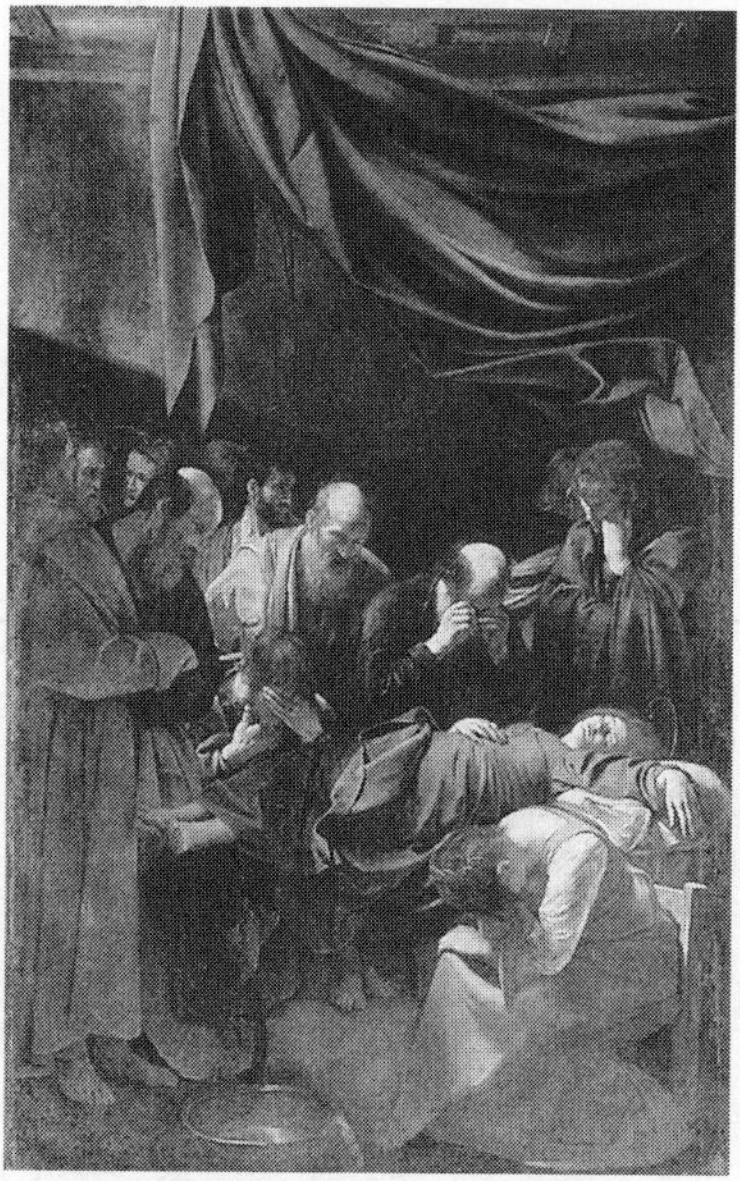

カラヴァッジョ『聖母の死』（ルーヴル美術館蔵）

指示している。だが今見られるこの絵は描き直されたもので、最初に描いた絵では、天使がマタイの横に立ち、じかに聖者の手を取って書かせている。カラヴァッジョの考えでは、マタイは最底辺の民衆の一人だったのだから、文字など書けたはずはないのだ。だが教会としては福音記者マタイがそんな無学な民衆の姿に描かれては困ると思ったようで、その絵を突き返し、描き直させたのである。現在ルーヴル美術館にある『聖母の死』も、トラステーヴェレのサンタ・マリア・デッラ・スカラ聖堂の祭壇画として描かれたものだが、聖者たち、とりわけ死せる聖母の姿があまりにも卑俗に描かれていて権威を損なうからと、教会側から突き返された作品である。「これではマリアさまがまるで水死人のように見える」と聖堂参事の一人が言ったそうだ。だがカラヴァッジョは、自分の描き方を変えようとは決してしなかった。

『エマウの晩餐』

ミラノのブレーラ美術館の一室に、カラヴァッジョの『エマウの晩餐《ばんさん》』がある。若い頃徒弟として修業に励んだ町だが、今ミラノに残る彼の作品は、この絵のほかには、アンブロジアーナ美術館に小品が一枚あるだけである。エマウの晩餐は彼の気に入りのテーマだったらしく、同じ構図の絵を何枚も描いていて、ロンドンのナショナル・ギャラリーにあるのが原型と思われる。

イエス・キリストが十字架にかかって三日目の夕方、二人の旅人がエルサレムから少し離れたエマウという村へと歩いていた。二人はキリストの弟子で、師の刑死と、その朝墓地に師の死体が見当たらなかったという事実を聞かされたことで、ひどく動揺していた。そこへもう一人の旅人が追いついてくる。それは復活したイエスで、二人に事の本質を説明するが、それでも二人はそれがキリストだとわからないでいる。一行はエマウに着き、そこの旅籠《はたご》でともに一泊することになる。夕食のとき、イエスは卓上のパンを手にとって祝福し、裂いて二人に渡す。そのとき初めて二人は、相手がイエスであると知るが、一瞬後、師の姿は消え失せてしまう。だが二人はキリストの復活を確信し、この奇蹟の証人となる。『ルカ福音書』にはこのように語られている。

カラヴァッジョ『エマウの晩餐』(ブレーラ美術館蔵)

カラヴァッジョの絵は、その夕食の場面を描いている。部屋は暗く、夕日の光が斜め上から射し込んで、闇の中に人物と食卓とを浮かび上がらせている。今しもイエスがパンを取ろうとしている。二人の旅人は、一人はこちらに背を向け、もう一人は横顔を見せているが、二人ともキリストの手をじっと見つめている。背後に旅籠の亭主とその老いた妻とが立っていて、やはりキリストの手を注視している。ロンドンの絵では食卓に肉や果物も描き込んであるのだが、ミラノのこの絵ではパンと葡萄酒だけ、貧しい晩餐である。キリスト以外の人物はみな庶民的な顔だちで、額には深い皺《しわ》が幾本も刻まれ、生活の労苦を物語っている。彼らの着ている質素な服や、テーブルを覆う粗末な布の色彩は、斜陽の光の中に、何と奥深い味わいを見せていることとか。何もわからず世の流れに翻弄《ほんろう》され、災厄が襲えばただ恐れて逃げまどうばかりの私たちの前に現れて、すべてを説き明かすこの人は、はたして何者なのか。期待と予感に胸を締め付けられながら、パンに伸ばされた指先を凝視する四人の思いは、そのままカラヴァッジョ自身の思いと合致する。この場面の一瞬後、彼らはキリストを、神を、その目で確認する。絶望の深い淵の中から神を求める心、それはそのままこの絵を描いた画家の心でもあったのだ。

だが現実にはカラヴァッジョは、神を見るどころか、ますます泥沼の中に深く深く沈んでいく。この絵は一六〇六年の春に制作されたものだが、その年の五月二十九日、彼は取り返しのつかぬ事件を引き起こしてしまうのである。

ローマのヴィラ・メディチのすぐ側にあった球技場で、八人の男が球戯を楽しんでいる。ラケットを使うテニスのようなゲームだが、その勝負には金が賭けられているのである。ルールの解釈が違ったのか、判定に不服なのか、四人ずつの両チームの間に言い争いが始まり、やがて殴り合いになり、殴り合いは斬り合いに発展する。腕に切りつけられた一人の男が激高して相手に突きかかる。その剣が相手の胸に突き刺さる。刺された男は地に倒れ、動かなくなる。自分も血を流しながら、血に染まった剣を手に呆然《ぼうぜん》と立ちすくむ男——それがカラヴァッジョであった。

ナポリ、マルタ島への逃亡

人を殺したとあれば、いくらパトロンが枢機卿だといっても刑を免れることはできない。この時代だと殺人罪には死刑が普通だし、賭博のもつれの果てにとあっては、情状も何もあったものではない。ローマ市内や郊外にしばらく潜伏していたカラヴァッジョは、秋深まる頃、警察の追及を逃れて教皇領を脱出、十月ナポリに着く。

殺人事件の前後に描いていたと想定される絵は、現在ローマのボルゲーゼ美術館にある『ダヴィデ』である。ダヴィデは十四、五歳の少年に描かれており、右手に抜き身の剣を持ち、左手に髪をつかんで討ち取った敵ゴリアテの生首を提げている。吊り下げられたゴリアテの首からは血が滴り落ちているが、かっと眼を見開いたその死体の首は、作者自身の顔をしている。そして少年ダヴィデは、悲しげな眼差しでその首を見ている。

ナポリは当時人口二十万を超え、イタリア最大の都市となっていたが、スペイン副王の支配下に近代化とはまるで反対の統治をしていたから、ただ無計画に市域が広がり、家が建て込むばかり、殺人犯が逃げ込むには都合のよい混沌状態を呈している。カラヴァッジョは何とか一息つけたようで、この町の聖堂のために描いた『慈悲の七つの業』は珍しく色調も明るく、画面は大都会ナポリの雰囲気を映すかのように活気に溢れている。

だが教皇庁は権威の回復と世俗権の拡大を目指し、イタリア諸国の内政に干渉を繰り返し、それをはねつけたヴェネツィア共和国に対して、聖務停止を布告していた。その教皇庁の強腰を支えるのはスペインの武力であるから、スペイン領となったナポリ王国は教皇庁警察と協力関係にある。お尋ね者となったカラヴァッジョの居所が知られれば、捕縛されてローマに引き渡されるだろう。だが蓄えというほどのものもないカラヴァッジョは、油絵を描いて稼がなければならないから、じっと気配を殺して潜んでいるわけにもいかないのだ。とにもかくにも有名画家なのである。噂がローマから流れてくれば、ナポリの警察も放ってはおけないだろうし、だいいち聖堂や修道院に絵を描きに行くこともできなくなる。

翌一六〇七年六月、カラヴァッジョはマルタ島に姿を現す。シチリアのさらに南、地中海の真ん中の小さな島で、当時はマルタ騎士団の領地として独立していた。その後イギリス領となり、現在は独立の小共和国となっている。緯度で見ればチュニジアやモロッコの海岸よりまだ南、ナポリからも五百キロ離れたこの南海の孤島に、彼は安住の地を求めたのである。ここで最初に描いた作品が『洗礼者ヨハネの斬首』で、首都ラ・ヴァレッタの大聖堂を飾る大作である。後ろ手に縛られてうつぶせに押さえつけられたヨハネは、首筋から血を流している。その横に投げ出された剣ですでに斬られているのだ。だが首切り人は虫の息の聖者の髪の毛をつかんで地に押し付け、右手に持ったナイフで首を胴から完全に切り離そうとしている。一人の若い女が銀の大皿を差し出して、その首を受け取ろうとする。洗礼者聖ヨハネ殉教の場面は古来数多く描かれているが、この絵ほどドラマティックで凄惨で迫真的な画面はかつてなかったから、評判を呼ばぬはずがなかった。ローマから来た名匠をマルタ騎士団は歓迎、団長ヴィニャクールの肖像（現在ルーヴル美術館にある）を依頼、これも素晴らしい出来映えだったから、団長は大いに喜び、カラヴァッジョを騎士団に迎え入れ、騎士の称号を与えることにした。

『聖女ルチーアの埋葬』

ここまではとんとん拍子に思われた。だが悪事千里を走るという。一年経たぬうちにローマの噂がこの島にも流れてきた。破廉恥な殺人犯に騎士号を与えたとあっては、マルタ騎士団の名誉にかかわる。その上カラヴァッジョは安心したところで悪い癖が出た。賭博、女、そして喧嘩。それを口実に騎士団は彼を逮捕し、ローマへ使いを出して事実を確認しようとする。命運極まった画家は夜陰に紛れて脱獄を敢行、小舟に乗ってシチリアへと逃亡した。騎士団は大いに怒って刺客を派遣、カラヴァッジョの後を追わせる。マルタ騎士団の名誉に懸けて、あの嘘つき画家、破廉恥な殺人犯を亡き者にしなくてはならぬ。こうしてカラヴァッジョは、教皇庁警察とマルタ騎士団の刺客との、両方から追われる身となったのである。

一六〇八年から翌年にかけて、カラヴァッジョはシチリア島内をメッシーナ、シラクーザ、パレルモと、転々と移動する。絵を依頼され、手早く制作し、金を受け取ってすぐ姿を消す。マルタの刺客はその跡を執拗に追い、画家は必死に逃げる。夜もおちおち眠れなかったであ

カラヴァッジョ『聖女ルチーアの埋葬』（ベッローモ宮美術館蔵）

ろうこの逃避行の中で、彼がシチリアに残した作品は、いずれも最高の傑作と言って過言でなく、イタリア・バロック絵画の頂点に位置するものである。

その一つ、『聖女ルチーアの埋葬』が現在シラクーザの美術館に収められている。階段を上って展示室に入るとすぐ左の壁に掛かっている。縦四メートル、幅三メートルの大作である。画面の上半分は聖女を埋葬する教会堂の裸の壁とアーチだけで、人物はすべて下半分に集中している。最前面に二人の墓掘り人が穴を掘っている。中央に聖女ルチーアの亡骸《なきがら》が横たわり、その背後に彼女の死を悼む司祭と信徒の群れが列を成している。うら若い聖女の首には深い傷があり、血も流れているが、『洗礼者ヨハネの斬首』のような残酷な生々しさはない。ここでも夕日の光が人物を浮かび上がらせているが、コントラストは強くなく、『聖マタイの召命』のように鋭くもない。柔らかに人々を包む光である。色彩はそれまでよりさらに渋く、深くなり、タッチも簡略になるが、衝迫力は弱まってはいない。だが、この画面から伝わってくるメッセージは、『聖マタイの殉教』の驚愕《きょうがく》と恐怖のドラマではなく、『エマウの晩餐』の不安に満ちた緊張と期待でもない。それは、やり場のない怒りを押し殺した深い悲しみと、静かな淋しい諦めなのである。

一六〇九年の秋、カラヴァッジョは再びナポリに潜入した。大都会のほうがシチリアより刺客の眼を逃れやすいと思ったのだろう。だが十月、暴漢に隠れ家を襲撃され、重傷を負う。マルタ騎士団の刺客はナポリまで追跡してきていたのだ。たぶん手を負傷したのだろう、それ以後カラヴァッジョは絵を描いていない。追い詰められた画家の頼りはローマのパトロンだけだった。この三年の間、デル・モンテ枢機卿は天才画家の恩赦をかちとるべく奔走してくれていた。逃亡の生活に疲れ果てた画家の思いは、ローマへ、あの聖天使城の見えるところへ、帰ることだけだった。ヴェネツィア共和国の頑強な抵抗に遭って教皇庁は敗北し、聖務停止令を撤回せざるを得ず、教権再興の企図は頓挫《とんざ》したが、カラヴァッジョにとってそんなことはどうでもよかったろう。ただひたすらローマへ帰りたかったのである。

朗報は翌一六一〇年夏に届いた。恩赦が得られたのだ。カラヴァッジョは急いでナポリの港から船に乗り込み、沿岸航路でローマに向かう。ナポリ領最後の港ポルト・エルコレに着くと、もうローマは目と鼻の先だ。矢の如き彼の帰心を嘲笑《あざわら》うかのように、臨検の警官隊が船に乗り込んでくる。画家は引っ立てられ、船から引き下ろされ、番所へ連行される。何という運命の皮肉か、これは人違いだったのだ。警察は別の犯罪者を追跡していたのである。二日間留置されたのち誤認逮捕と判明して釈放されたが、船は彼の油絵の道具を積んだままローマへと出航してしまっていた。真夏の日差しに焼け付くような砂浜をさまよい歩くカラヴァッジョの足はもつれた。ひどい熱病にかかっていたのである。這《は》うようにして誰も住んでいないあばら屋にたどり着き、ベッドに横たわったカラヴァッジョは、数日苦しんだ後、世話する者も看取る者もないまま死ぬ。七月十八日、享年三十七歳。

彼が創り出した新しいスタイルは、ヨーロッパ文化の新潮流にぴったり合致していた。バロック様式は全欧に広がり、その発祥地であるローマの町並みも、バロックに衣替えした。彼の死後五十年、ナヴォーナ広場も現在の姿に整備されて、ローマ・バロックを象徴する眺めとなった。その広場を北へ抜けて少し歩くと川べりに出る。旅に病んで夢は枯れ野を駆けめぐる。カラヴァッジョの末期の夢は、このテーヴェレの河岸を駆け回っていたのであろうか。河畔の道を左に取ると、まもなく聖天使城の前に来る。秋日和の静かな午後には、その巨大な円筒形の建物の姿が水面に映って、ゆらゆら揺れる。その頂上には、大教皇グレゴリウスが見たあの聖天使が、剣を鞘に収めようとしている。私はその背後に、四頭立ての馬車を駆って天駆ける古代の皇帝の姿を見る。そして聖天使城は、長い長い物語をまた語り始める……。

カステル・サンタンジェロ（5ページの写真とも、高橋友子撮影）

ローマ、聖天使城への長い道のり——あとがきにかえて

武谷なおみ

そのときは気づかずにいながら、後になって意味をもつ一瞬の出会いがあるものだ。一九九六年の十月、岡山でイタリア学会があった翌朝、新幹線の指定席をめがけて友人と車両を横切っていると、ひとりぽつねんと本を読んでおられる藤沢道郎さんの姿があった。学会の帰りにはいつも温泉やお蕎麦《そば》の老舗《しにせ》を訪ね歩く風流人としても知られる藤沢さんが、まっすぐに帰洛とは。

「お忙しそうですね」と声をかけると、「ああ、でもそのうちまた食事をしましょう」と、笑顔で答えられた。「平等院の藤の季節に宇治のお宅に伺います」と挨拶をして別れ、ようやく席についたとき、友人が「藤沢さん、今なにを書いてるのかしら」と、つぶやいたのを覚えている。その友人は作家としても名が知られるようになった須賀敦子で、つい五日ほど

前に、皇帝ハドリアヌスと聖天使城（カステル・サンタンジェロ）に想いをめぐらす物語『ユルスナールの靴』を出版したばかりだった。『マキァヴェッリ全集』全六巻の企画が決まり、二年後を目指して監修・翻訳に全力投球しておられた藤沢さんが、須賀敦子の作品を読んでいた可能性はうすい。だがまったく時を同じくして、藤沢さんの頭のなかでも、皇帝ハドリアヌスと聖天使城の物語が像を結びつつあったのは確かなのだ。その証拠に、半年後、連載が始まり、本書のもととなった「人物で語るイタリアの歴史」の冒頭には、この文章が記されていた。

「ローマを訪れてカステル・サンタンジェロを見なかった人はまずあるまい」

新幹線での出会いから五年。イタリア研究の先駆け的存在であった藤沢さんと須賀さんは、七十歳を前に、ともに世を去られた。若き日のローマ滞在以来、テーヴェレ川沿いの風景の一部として網膜に焼きつけていた巨大な砦。コロッセオやサン・ピエトロ大聖堂に比べると、実際に訪れる観光客は少ない聖天使城。その遺構へと読者を導き、申し合わせたかのようにハドリアヌス帝の詩を口ずさみながら。

さまよういとしき小さな魂よ、
私の肉体に仮りに宿った友よ、

ローマ、聖天使城への長い道のり——あとがきにかえて

おまえは今どこへ旅立とうとしているのか。

今回、「あとがき」にかわる文を書かないか、と中央公論新社から誘いがあったとき、歴史が専門でもない私が向こう見ずにもつい引き受けてしまったのは、イタリア研究界屈指の「切れ者」として仰ぎ見てきた藤沢さんが人生の終盤、カステル・サンタンジェロに寄せた想いをたどり、そこにこめられたメッセージを読み解くのに興味をひかれたからだ。難攻不落のローマの城に一歩一歩近づきたい誘惑を感じていた。

本書は、一九九七年四月から一九九九年三月までの二年間、NHKテレビ「イタリア語講座」のテキストに毎月掲載された「人物で語るイタリアの歴史」を一冊にまとめたものだ。初心者向けの入門編と、中級用の応用編からなるイタリア語のテキストは、グルメ・ブームやサッカー・ブームを反映して、当時、発行部数が八万部にまで達したと聞く。藤沢さんがそのテキストにどんな読者を想定してイタリア史を綴ったのか。編集担当者から原稿一式が送られてくるまで、正直いって私には一抹《いちまつ》の不安があった。藤沢さんがご存命なら、初心者向きの語学のテキストに記したものを一冊の本にまとめるのに同意されるかどうか。たとえ同意されたにしても、文の挿入、削除、修正、おそらく章立てに至るまで、念には念を入れて練り上げたであろう原稿を、本人の許可なく、そのまま発表してよいものかどうか。

だが、八人の人物の物語を通読したとき、この本を世に送り出すことの意義を確信した。これは一九九一年の発売以来、多くのファンを獲得して、十六回も版を重ねた中公新書『物語 イタリアの歴史——解体から統一まで』に連なる「藤沢ワールド」だ。しかもこれまで以上に読みやすく、中学生でも理解できるやさしい筆致で書かれている。千五百年を越えるイタリア史をいきいき、わくわく、知的に精緻《せいち》に語る技。それは藤沢さんだけが手にする魔法の杖《つえ》で、ひとたび「藤沢ワールド」に招き入れられると、イタリア史が万華鏡のように複雑に絡み合いながら、読者の前で幾何学模様を繰り広げる。

昨今のイタリア・ブームを反映して、「イタリアは明るい」「イタリアは楽しい」式のガイドブックが巷《ちまた》に満ちあふれている。ナカタやシュンスケに憧れて現地に試合観戦に行く若者。三つ星レストランで大枚をはたいたのに、日本のイタ飯屋の方が意外においしいと帰国後に語る新婚さん。美術館巡りにも言葉は必要ですねといって、語学に挑戦する熟年組。イタリア接近の方法は様々だけれど、一度はぜひ、映画や小説を通じてイタリア人の内面にも注意を向けてほしい。その結果、「イタリアって意外と暗いですね」と誰かが感想をもらしたら、私はそんな人にこそ、「藤沢ワールド」への招待状を手渡したい。

一方、この本の副題を目にした歴史の専門家たちからは、抗議の声があがることが予想される。ハドリアヌスからカラヴァッジョの時代までたったひとりで手がけるなんて、今どきそんなことが許されますかと。その質問には、藤沢さん自身にお答えいただこう。一九九一年に『物語　イタリアの歴史』が出版されたとき、藤沢さんは勤務校であった桃山学院大学の広報誌「アンデレクロス」に、「自著を語る」と題して、こんな文を寄せておられる。今回の『物語　イタリアの歴史II』にも共通する姿勢なので、すこし長くなるのをお断りした上で、全文を紹介させていただきたい。リズム感に満ちた文章で、藤沢さんの声まで聞こえてきそうだから。

中公新書の編集者から依頼を受けた時は、一瞬ためらった。私は本来文学畑の人間で、いわゆる歴史科学の専門家ではない。私のようなものが、ささやかな小著であっても、通史を書くというのは穏健ではない。だがその一方で、私の心の中には、ぜひそれを書いてみたいという強い欲望もあった。歴史学者と歴史家とは違う、歴史科学と歴史叙述とは違う、というのが持論であるし、従来の通史形式に対する不満もやるかたない。年表の記述の間にデータを挟み込んだもの、イデオロギーや方法論に都合のいいように事実を並べたもの、そんなものしかなければ普通の人間は歴史が嫌いになって当たり前である。歴史とは事実そのものが語るストーリーであるはずで、それがイデオロギーや方法論に先行しなければおかしいのだ。それで、私は一瞬のためらいの後その仕事を引き受けた。ちょうどその頃、ソ連で、東欧で、中東で、そしてアジアで、現代の歴史は激流となって急展開を開始しようとしていた。

引き受けてはみたものの、仕事は進まなかった。私の関心は眼前に展開する壮大な現代史のドラマに引き付けられ、テレビの前に釘付けになる時間が多かったし、従来の私の手法は、この仕事には合わなかった。前著『ファシズムの誕生』では、事実を細かく積み重ねてそこからストーリーを引き出していたが、四年間のイタリア社会の歴史を書くのに六百数十ページを要したのである。そんな手法では、新書版で千五百年の歴史を書くことはできない。細密画からスケッチに転ずること、時代と人物の相互照射から物語を湧き出させること、それはあらかじめ考えてはいたが、実際には、思ったより遥かに難しい仕事であった。どんな風にしても長くなりすぎる。調べては捨て、調べては捨てして、材料のほとんどを捨ててしまわないと、千五百年の歴史を新書一冊にまとめることはできないことをつくづく思い知らされた。ようやく書き終えたときは、十冊以上も書いたような疲労があった。もうこりごりだ、こんな仕事は。しかし、本が出来上がって読者の反響がいいと、まんざらでもないから、いい気なものだ。所詮《しょせん》、私という人間は、こりない性質なのである。

この文には、イタリア文学・イタリア史の研究者としての藤沢さんの越し方の「歴史」が、そこここに顔を覗《のぞ》かせている。『ファシズムの誕生』(中央公論社、一九八七年)は、構想から十五年以上の年月をかけて、五十四歳で発表された雄渾《ゆうこん》の作である。だが著者は、厚さも重さも『イタリア語中辞典』を上回る大著の結びに、「これでようやく前半を書き終えたに過ぎない」と記す。二十歳代でアントニオ・グラムシを日本に紹介し、自主講座や雑誌を通じてイタリア左翼思想の検証と「現代史の試み」を課題にしてきた藤沢さんが、東西の枠組みがガラガラ音を立てて崩れ始めた八〇年代の終わりに、ファシズムを頑固なまでに問いつづける精神。「もうすでにわれわれのまわりで新種のファシズムが、それとは知られずに生育増殖を続けているかもしれない」と考える鋭い予覚。出版当時よりむしろ今、そこに刻まれた言葉の多くが、私たちの注意を喚起する。

ファシズム=保守反動と結ぶ安易な図式に藤沢さんは反省を促し、ファシズムという現象を次のように分析している。「政治的にめざめた一部の大衆が急激な変化を求めて、既成のイデオロギーである自由主義と民主主義、既成の反体制イデオロギーである社会主義と共産主義の両方を否認する方向に進むところにその特徴がある」。

あらゆるジャンルの研究書はもとより、公文書、新聞記事、演説など、当時の記録を駆使して編まれたこの「年代記」には、英雄になれなかった作家ダヌンツィオやパリ在住のイタリア人画家モディリアーニの話も組み込まれている。最終章の「ローマ進軍」では、一日を未明、早朝、午前、正午、午後、夕、夜、深更に分節して、事実経過を「細密画」ふうに描き、同時に「遠近法」を用いて、刻々と近づく黒シャツ隊＝ファシストのローマ進軍に緊張感を高める。権力掌握を目前にしたムッソリーニと、もはや万策尽きて彼の到着を待つしかない国王ヴィットリオ・エマヌエーレ三世。「だが国王はまだ、自分がどういう怪物に権力の道を開いたのか、ほとんど認識していなかった」と、不気味な余韻を残して、辞書のように重いこの物語は幕を閉じている。

『ファシズムの誕生』を上梓して、ほっと一息ついておられた九〇年代の初めに、非常勤講師として教えに行っていた大阪外国語大学で、藤沢さんと毎週顔を合わせられたのは、私にとって幸運だった。剃刀《かみそり》のように鋭い論客も、授業の後は気さくに世間話のできる先輩で、梅田までの帰り道、タコ焼き屋ひとつ選ぶにもかならず一家言あったにせよ、ビールを一杯口にすれば「藤沢節」の異名をとる皮肉まじりのジョークや毒舌が飛び出した。

「この頃考えていることがあるんですよ」と切り出された時のことは、昨日のように鮮明に覚えている。「イタリア語では、〈歴史〉と〈物語〉が同じ単語の storia で表されるのは、イタリア関係者ならむろん誰でも知っていますね。だけどぼくは、今ほどこの意味に目を開かれたことはありません。母の介護をするまで気がつかなかったのです」。こう前置きした上で、藤沢さんは、最愛のお母様に軽い老いの兆候が出てきたこと、いちばんの薬は話し相手になってあげることだと、真剣なまなざしで語られる。「作話は、いくつになっても人間に備わっている基本的な欲求だと思います。ただ病人は、過去の時間をストーリーとして秩序づけることができない。現代人の病気も、実はこれとまったく同じなんです」。そしてこうつけ加えられた。「二十世紀にはイデオロギーが主役の時期がありました。でもそれが限界を呈すると、こんどは過去の歴史=物語を記号に解体して、いくつかのパラダイムに還元しようとする風潮が広まった。その結果、個々の事実に目を向けず、歴史の喪失という状態に陥ったのです。私はこれを、文明のアルツハイマー病と呼ぶことにしました」。

『物語 イタリアの歴史』はこんなふうに、日々の体験と考察から生まれたのだ。

「ローマへ！ ローマへ！」。ムッソリーニの「ローマ進軍」で現代史にいったん筆を擱《お》いた藤沢さんは、こんどは千五百年をさかのぼり、「陛下、ローマが、ローマがもういけません！」と悲痛な叫び声があがる「ローマ陥落」の物語で、新書の第一話をひらいた。「パンとサーカス」の政策で遊惰の都と化したローマ帝国が東西に分裂し、相次ぐ北方諸部族の侵入で西ローマ帝国が滅亡したのは四七六年のこと。運命に翻弄されながらその時代を気丈に生き、今はモザイクが輝くラヴェンナの霊廟に眠る皇女ガラ・プラキディアの物語で始まるイタリア史は、中世、ルネサンス、宗教戦争、バロックの時代を経て、作曲家ジュゼッペ・ヴェルディの音楽がイタリア中に鳴り響いた十九世紀までつづく。オペラ『ナブッコ』のメロディーが国家統一の機運を高め、ついにイタリア王国の誕生と、首都ローマ遷都が決定するまでの物語。藤沢さんによる「スケッチ風のイタリア通史」は、「イタリアに統一国家が存在しなかった十五世紀間を描く」という逆説をはらみながら、十人の人物像を中心に、見事なタペストリーを織り上げていった。

『物語 イタリアの歴史』の隠し味がなにか分かりますか？」と出版後の藤沢さんはくつろいだ様子で、いつも以上に饒舌《じょうぜつ》だった。「あとがきに書いてないから、気づいてもらえないのかなあ。どの話にもひとつずつ違う都市がちりばめられているんですよ。イタリア巡りの旅も楽しめる仕掛けです」と、得意顔で言われる。そういえば、ラヴェンナのガラ・プラキディア、トスカーナの女伯マティルデ、アッシージの聖フランチェスコ、そしてつぎに登場する皇帝フェデリーコの宮廷はシチリア島のパレルモだ。神をも恐れぬ艶笑譚《えんしょうたん》『デカメロン』の作者ボッカチオが人間観察に励んだのは、猥雑《わいざつ》で機知にあふれる町ナポリ。ルネサンスの花をさかせたコジモ・デ・メディチのフィレンツェ、『ピエタ』や『最後の審判』を残し、八十九歳で苦悩と労働の生涯を終えたミケランジェロのローマ。その後も、国王ヴィットリオ・アメデーオ統治下のトリーノ、カサノーヴァが乱交にふけった祝祭都市ヴェネツィア、ジュゼッペ・ヴェルディとスカラ座の町ミラノへとつづく。イタリア漫遊のガイドブックとして、これ以上に高尚で手のこんだ書が存在するだろうか。

藤沢さんはまたある日、「こんなものが見つかりました」と一枚の楽譜を手に研究室に現れた。四分の三拍子、ヘ長調の歌曲の楽譜で、「眠りは甘し」というタイトルがついている。それがミケランジェロの有名な詩で、メディチ家廟墓の大理石像『夜』によせて書かれたエピグラムであるのはすぐに分かった。「『イタリア古典歌曲集』にこの詩が入ってたなんて知りませんでした。どこで見つけたのですか」と首をかしげる私たちに、「作曲者はこの人ですよ」と言って、藤沢さんは五線譜の上の方を指し示す。そこにはなんと、イタリア語で、Micio《ミーチョ》 Fujisawaと記されているではないか。「凝り性もほどほどになさらないと、睡眠不足でぶったおれますよ」と驚いて叫ぶと、「でも、なかなかいい曲ですよ」と少し照れながら、藤沢さんは天才彫刻家の詩をハミングするのだった。「眠りは甘し、石とならばさらによし／災厄と恥辱の続く間は／見えぬこそ、聞こえぬこそ幸いなれ／されば我を覚ますな、ああ、声ひそめて語れ！」。

さて、『物語 イタリアの歴史』が出てしばらくの間、藤沢さんの周りでは、続篇を無心する声が相次いだ。ボッカチオの話があってペトラルカがないのはなぜ？ ミケランジェロがいてダ・ヴィンチが出てこないのは不公平だ。異端審問に問われたガリレオやジョルダーノ・ブルーノの章も次回はぜひ入れてほしい。みんな好き勝手に要求したから、今回の「人選」は、それだけで興味をそそられた。

「皇帝ハドリアヌスから画家カラヴァッジョまで」。本書を一読した方はもうお気づきだろう。これはローマ、聖天使城の物語。皇帝と教皇を共にもつ永遠の都の物語だ。ヴェルディとイタリア統一で諸国漫遊を終えた藤沢さんが、今度はレンズの焦点を一点に絞り、ローマの「スケッチ」に集中したのは、当然といえば当然の成り行きといえよう。

イタリア統一運動(リソルジメント)に関わった男たちが主義や戦略の違いを超えて「ローマ」を連呼する理由が、この物語を読むと理解できるような気がする。「皇帝たちのローマ、教皇たちのローマの後に、人民のローマが誕生した」と演説して、イタリア共和国の建国を夢見た急進派のマッツィーニ。「ローマか死か」と檄《げき》を飛ばして赤シャツの義勇軍を南から北へと動かした将軍ガリバルディ。イタリア王国への併合を拒む教皇領と九年間も角突き合わせた末、イタリア全土の統合を成し遂げた国王ヴィットリオ・エマヌエーレ二世は、ミケランジェロ最後の建築と言われるピア門からローマに入場し、「ついに、ローマに入った。ここに永遠に留まろう」と述べたと伝えられている。

その国王は今、皇帝ハドリアヌスが建てたパンテオンに「祖国の父」として眠る。五十年後にローマを目指したもうひとりの男ムッソリーニを迎えたのは、彼の孫のヴィットリオ・エマヌエーレ三世だった。ファシズムが敗北すると、国民投票によって王制は廃止され、イタリアは共和国に様変わりした。だがカトリック教の総本山ヴァティカンは存在する。大教皇グレゴリウスの時代からカラヴァッジョを経て現在に至るまで、ローマに変わらず存在しているのは、教皇庁なのである。

『物語 イタリアの歴史II』に大教皇グレゴリウスとボニファティウス八世の名前を見つけたとき、今回の隠し味はダンテではないか、と見当づけた。なにしろ著者の藤沢さんは京都大学で国語学国文学を専攻しながら、『神曲』に魅せられて、イタリア語学イタリア文学に転向した人である。ダンテの案内なしに教皇庁の扉は開けないと考えたとして不思議はない。事実、「教皇ボニファティウス八世の物語」は、これまでダンテを敬遠していた人たちにも、ヴィジュアル系の若物にも、『神曲』の面白さを伝えるだろう。ボニファティウス八世は「地獄篇」の中でもっとも印象的な刑のひとつ、逆立ちの姿で「棒杭のように」地面に突き立てられる亡者の仲間として紹介されている。そのボニファティウス八世に教皇の座を譲ったケレスティヌス五世も、「怯懦《きょうだ》のゆえに大切な職務を投げ出した者」として、地獄の手前の辺獄で、裸のまま蜂や虻《あぶ》に刺されている。

一方、大教皇グレゴリウスはダンテのお気に入りで、『神曲』では、神の光を暈《かさ》のようにとりまく九つの火輪がまわる「天国」に席を与えられている。九つの輪は九階級に分かれた天使の群れなのだが、グレゴリウスは生前、天使の位階の順番を間違えて説いていた。天に昇った彼が初めて自分のミスに気づいて苦笑するという、ユーモラスな設定になっている。ダンテはまた、異教徒にキリストの福音を広めた功績で、グレゴリウスを高く評価している。キリスト教の洗礼を受けていない人間はみな、ローマ皇帝でさえ異教徒と見なされるカトリックの世界。皇帝トラヤヌスも一度は罪人として地獄に堕ちるが、大教皇グレゴリウスの慈悲ぶかい祈りで蘇り、天国に引き上げられたというエピソードが記されている。トラヤヌス帝はハドリアヌス帝の近い親戚だから、『神曲』をひもとけば、『物語 イタリアの歴史II』に登場する八人のうち三人が連想ゲームのように現れて、歴史がまた楽しくなる仕掛けだ。

「マローツィア夫人とその息子たちの物語」では、『ローマの歴史』と『ルネサンスの歴史』でおなじみのインドロ・モンタネッリの文体が藤沢さんに乗り移ったかと思われるほど自由闊達《かったつ》に奔放に、「暗黒の世紀のイタリア」が描き出される。その筆さばきによって読者は、堕落しきった教皇や司祭の実態をつぶさに目に留めることができる。朝は政務を執り行うが、聖職者が召使や情婦を抱え、宴会を催し、仮装舞踏会に興じて後ろめたさを感じなかった十世紀のローマ。息子を教皇の座につけたマローツィアが世俗の権力獲得にも野心を燃やし、王妃ばかりか皇妃の座さえ望んでプロヴァンス出身のイタリア王と三度目の結婚式をあげる。

だが、彼女の婚礼の場が聖天使城だったとは、さすがのダンテも記していない。「異端者アルナルドの物語」にも、教皇庁の腐敗にうんざりしている十二世紀のローマが描かれている。古代ローマにつながる共和制の復活を求めて元老院の自治を要求する市民が、改革派の修道士アルナルドを担いで闘いを繰り広げる。仲間割れをおこした反教皇派の貴族が聖天使城に立てこもる話、こうもりのように身を処す神聖ローマ皇帝との駆け引き、アルナルドが師と仰ぐフランス人神学者アベラールとエロイーズの愛。私たちには未知のローマから、ヨーロッパ規模の歴史が現れるのだ。異端の罪で火刑に処されたアルナルドの遺灰が聖遺物として崇められるのを恐れた教皇派が、テーヴェレ川に投げ捨てる場面は忘れがたい。

ヨーロッパの勢力図がポルトガルとスペインに中心を移し、ついには大西洋の彼方に渡るのが「航海者コロンボの物語」である。藤沢さんは「アメリカ発見」後のコロンボにはふれず、イタリア人コロンボが碇を揚げるに至る過程を、資金調達まで含めて細かく追っている。一四九二年の一月、グラナダ陥落の知らせがスペインから届いたとき、ローマでは荘厳な儀式が催され、信徒の行列が絶えなかった。にぎやかな闘牛試合も花を添えた。聖天使城は光の装飾ルミナリエに照らされて、祝砲が轟《とどろ》いたという。コロンボがフランチェスコ修道会の組織をたどってイサベル女王とフェルナンド二世に接近するくだり、「我らが正しい信仰をその土地にもたらさなければ、神の御心にもかなわぬでありましょう」とアラゴンの財務官が説得に乗り出すくだりでは、ビザンツ帝国を滅ぼしたオスマン・トルコとイスラムの影がちらついて、今日的なテーマと結びついている。コロンボの帰還後、カトリック両王がポルトガルとスペインの世界分割について相談をもちかけたのはローマ教皇庁、スペイン出身のアレクサンデル六世のもとであった。

「ロレンツォ・デ・メディチ」と「カラヴァッジョ」については日本でも多く紹介されているので、簡単にふれるにとどめよう。これらの物語はなにより色彩が美しい。博覧強記の藤沢さんが絵画、彫刻に注ぐ情熱が遺憾なく発揮されている。教皇庁との関連でいえば、ロレンツォとサヴォナローラ、カラヴァッジョとジョルダーノ・ブルーノという組み合わせで、ともに異端審問で火あぶりになった聖職者の壮絶な生涯を語っている。

ブルーノが聖天使城に囚われていたのはよく知られており、カラヴァッジョが聖天使城の前のサンタンジェロ橋で、ベアトリーチェ・チェンチ一族の処刑の場に居合わせたであろうことも美術関係者の多くが認めるところだ。『メドゥーザ』『ユディトとホロフェルネス』などカラヴァッジョの当時の作品に、斬首のモチーフが見られるからである。

では、ロレンツォ・デ・メディチの場合、聖天使城との接点はあるのだろうか。私が最後まで確認できないのはこの点だった。見つけるのを諦めかけていたとき、ふと、もうひとつの「隠し味」が頭にひらめいた。マキァヴェッリがいるではないか。藤沢さんが亡くなる直前に監修を終えた『マキァヴェッリ全集』は全六巻だが、年譜・年表、索引が「補巻」にセットで収められている。この索引がもう、病みつきになるほどおもしろい。ダンテと同様、マキァヴェッリもまた、「私の思想は、古代の歴史の耽読《たんどく》と、現代の現実の長い経験をあわせて得られたものだ」と述懐する男である。代表作『君主論』や『フィレンツェ史』はいうに及ばず、「書簡」や「政治小論」「使節報告書」にも歴史上、文学史上の人物が続々登場するから、索引は玉手箱のようなもの。グレゴリウス、ボニファティウス、ハドリアヌスを探し出せないはずはなく、しかも藤沢さんの徹底した注釈と背景説明つきだから、小説を読むように人物が身近になる。

索引でカステル・サンタンジェロを探すと、案の定、ロレンツォ・デ・メディチとの接点が現れた。弟ジュリアーノ殺しの黒幕のひとりに、教皇シクストゥス四世の甥のジローラモがいる。教皇が彼をイモラの領主にしようとしたときロレンツォが難色を示し、激怒した教皇が取引銀行をメディチからパッツィに変えた経緯がある。そんな確執から事件は起きたのだ。マキァヴェッリによると、臆面もなく親族ばかり優遇する教皇シクストゥス四世にうんざりしていたローマ市民が、教皇の死の知らせで、殺人、強奪、放火など、町中に紛争の種をまいた。ジローラモが逃げ込んだのが聖天使城。自らの軍を率いて数日間籠城《ろうじょう》したという。『物語 イタリアの歴史II』の後で読者もぜひ、ダンテとともにマキァヴェッリにも親しまれることをおすすめする。携帯電話やデジカメを脇へ置き、古いフィルムのネガを透かし見るように、光にかざしてローマの街を眺めてほしい。そうすると分かるはずだ。「イタリアは明るい」「イタリア人は単純だ」という見方を「藤沢ワールド」がくつがえし、もっともっとイタリアの魅力を伝えてくれることが。現代のイタリア人が決して短絡的に答えを求めず、何事にもゆっくりじっくり対処してゆくのも、街そのものが博物館のような空間で、複雑な歴史を背景に、矛盾を抱えて生きてきたからだろう。幾層にも重なる恐ろしいほどの時の重みが、私たちに多くを語りかける。

本書の校正をお手伝いするに当たり、表記に関しては、『物語 イタリアの歴史』にできるだけ準じるよう配慮した。初出が二十四回の連載寄稿であったため、人名にラテン語とイタリア語の混在が認められたが、編集過程では教皇名のみラテン語に統一した。だが襲位前の俗名は、他の人名と同様に、イタリア語読みを用いた。地名についてもイタリア語読みを尊重したが、すでに日本で慣用化しているものに関してはこの限りではない。一冊にまとめる上で、文章に若干の修正をおこなったことをお断りしておく。

なお、著者本人による文献紹介が不可能であることから、『物語 イタリアの物語II』をより深く味わうために私自身が参考にした書物を、僭越《せんえつ》ながら巻末に記すことにした。「藤沢道郎の著作」を単著、訳書、監修・編集担当の全集の順に記し、他の著者の作品については、「皇帝ハドリアヌスから画家カラヴァッジョまで」になるべく沿う形で、歴史、文学、美術など、ジャンルの別なく選んでいる。今後の導き手として、読者のお役にたてば幸いである。

拙文を記す過程で多くの方のお世話になったが、次のお二人にはとりわけ大きな感謝を捧げたい。「年表」作りを快く引き受けて下さった和栗珠里さん。イタリア史が専門の和栗さんは、桃山学院大学の非常勤講師として、また『マキァヴェッリ全集』の翻訳者のひとりとして、藤沢さんの薫陶《くんとう》をうけてこられた。最近の歴史学の状況をふまえた用語の統一や年号の確認、私の質問にすばやく対処して下さる彼女の協力が心強かった。そして藤沢さんの親友で、桃山学院大学の同僚でもあられた村山高康先生。西洋政治思想史がご専門の村山先生は、藤沢さんとのイタリア珍道中を何度も経験し、「世界の森羅万象までも徹底的に語り合える仲だった」と追悼文に記しておられる。「藤沢さん監修の『マキァヴェッリ全集』は欧米でもなされていない大事業」と評される村山先生は、これによってマキァヴェッリの「実務官僚」としての姿が浮き彫りにされたと称えられる。村山先生の解説なしには、古典と現代を天がける「藤沢ワールド」を前にして、私はまだ堂々巡りを続けたことだろう。

編集を担当して下さった中央公論新社の吉田大作さん、ありがとうございました。イタリア文化のよき理解者で、いつも的確な助言を下さる中央公論新社ＯＢの笠松巌・前田良和両氏にも感謝を。

そして最後に藤沢正子夫人。ご自宅の書庫で貴重な資料を見せていただいてから、ずいぶん時間がたちました。「本の出版と阪神タイガースの優勝がいっしょに実現したら、主人がどんなに喜ぶことでしょう」とおっしゃったその夢は、私の怠慢で一年ずれてしまいました。長い間お待たせしてすみません。でもイタリア流に言えば、十一月は懐かしい人の魂がもどって来る月です。あらためてご冥福を祈りつつ、感謝をこめて、ご霊前に本書を捧げます。

「藤沢さん、聖天使城の物語をありがとう。この先、ローマを訪れる人は、カステル・サンタンジェロに足を向けることでしょう」

二〇〇四年秋

（大阪芸術大学教授）

参考文献

藤沢道郎著作

（著書）

『イタリア・マルクス主義研究』現代の理論社、一九七六年

『アントニオ・グラムシ』すくらむ社、一九七九年

『ファシズムの誕生』中央公論社、一九八七年

『物語 イタリアの歴史——解体から統一まで』中公新書、一九九一年

『メディチ家はなぜ栄えたか』講談社選書メチエ、二〇〇一年

『名画で綴るキリストの生涯』（非売品）、藤沢道郎先生追悼の会（桃山学院大学）、二〇〇二年

（翻訳書、共訳を除く）

A・バンフィ『マルクス主義試論』合同出版、一九六二年

G・フィオーリ『グラムシの生涯』平凡社、一九七二年

I・モンタネッリ『ローマの歴史』中央公論社、一九七九年
I・モンタネッリ、R・ジェルヴァーゾ『ルネサンスの歴史』上・下、中央公論社、一九八五年
(全集・著作集の監修・編集)
『グラムシ選集』全六巻、山崎功監修、藤沢道郎・代久二編集、合同出版、一九六一―六五年
『トリアッティ選集』全四巻、藤沢道郎他五名による共同編集、合同出版、一九六六―六八年
『マキァヴェッリ全集』全六巻と補巻、藤沢道郎・永井三明・岩倉具忠による共同監修、筑摩書房、一九九八―二〇〇二年

その他の参考図書
青柳正規『皇帝たちの都ローマ』中公新書、一九九二年
塩野七生『ローマ人の物語IX――賢帝の世紀』新潮社、二〇〇〇年
マルグリット・ユルスナール『ハドリアヌス帝の回想』多田智満子訳、白水社、一九六四年
須賀敦子『ユルスナールの靴』河出書房新社、一九九六年
多田智満子『十五歳の桃源郷』より「ハドリアヌスとの出会い」「〈ハドリアヌス帝の回想〉紀行」人文書院、二〇〇〇年
クリス・スカー『ローマ皇帝歴代誌』青柳正規監修、創元社、一九九八年

P・G・マックスウェル＝スチュアート『ローマ教皇歴代誌』高橋正男監修、創元社、一九九九年
『図解世界の歴史3　ヨーロッパの形成』学習研究社、一九七九年
M・F＝B＝ブロッキエーリ『エロイーズとアベラール――ものではなく言葉を』白崎容子他訳、法政大学出版局、二〇〇四年
ダンテ『神曲』全三冊、山川丙三郎訳、岩波文庫、一九五二―五八年
ダンテ『神曲』全三冊、寿岳文章訳、集英社文庫、二〇〇三年
デ・サンクティス『イタリア文学史』（ルネサンス篇）、藤沢道郎、在里寛司訳、現代思潮社、一九七三年
S・P・プロカッチ『イタリア人民の歴史』I・II、斎藤泰弘、豊久栖彦訳、未来社、一九八四年
根占献一『ロレンツォ・デ・メディチ』南窓社、一九九七年
ミシェル・ルケーヌ『コロンブス』大貫良夫監修、創元社、一九九二年
スティーヴン・マーロウ『秘録コロンブス手稿』増田義郎訳、文藝春秋、一九九一年
岩根圀和『物語 スペインの歴史 人物篇』中公新書、二〇〇四年
ジル・ランベール『カラヴァッジオ』タッシェン・ジャパン、二〇〇一年
岡田温司編『カラヴァッジョ鑑』人文書院、二〇〇一年
藤沢房俊『赤シャツの英雄ガリバルディ』洋泉社、一九八七年
藤沢房俊『第三のローマ――イタリア統一からファシズムまで』新書館、二〇〇一年

坂本鉄男『イタリア　歴史の旅』朝日選書、一九九二年
長尾重武『ローマ――イメージの中の〈永遠の都〉』ちくま新書、一九九七年
マリオ・プラーツ『ローマ百景――建築と美術と文学と』白崎容子他訳、ありな書房、一九九九年
チェッリーニ『チェッリーニ自伝』全二冊、古賀弘人訳、岩波文庫、一九九三年
清水純一『ルネサンスの偉大と頽廃――ブルーノの生涯と思想』岩波新書、一九七二年
イアン・マカルマン『最後の錬金術師　カリオストロ伯爵』藤田真利子訳、草思社、二〇〇四年

イタリア史年表（前二七―一六九九年）

年	事項
前二七	オクタヴィアヌス、ローマ元老院からアウグストゥスの尊称を与えられる（ローマ帝政の開始）。
後七六	プブリウス・アエリウス・ハドリアヌス、スペインにて誕生。
八〇	コロッセオの完成。
九六	五賢帝時代の始まり（～一八〇）。
九八	トラヤヌス帝即位。
一一七	トラヤヌス帝没、ハドリアヌス帝即位。
一二一	ハドリアヌス帝の各州視察開始。
一二三	この頃、ハドリアヌス帝霊廟（のちのカステル・サンタンジェロ）着工。
一三八	ハドリアヌス帝没、アントニヌス・ピウス帝即位。
一六一	アントニヌス・ピウス帝没、マルクス・アウレリウス・アントニヌス帝即位。
二一一	カラカッラ帝即位、軍人皇帝時代始まる（～二八四）。
二九三	ディオクレティアヌス帝が帝国の四分統治体制を樹立。

三一三	コンスタンティヌス帝がミラノ勅令を発布し、キリスト教を公認する。
三二四	聖ピエトロ大聖堂建立。
三三〇	コンスタンティヌス帝、ビザンティウムへ遷都し、コンスタンティノープルと改名。
三七五	西ゴート族の南下（ゲルマン諸部族の大移動開始）。
三九二	キリスト教がローマ帝国の国教となり、他の宗教が禁じられる。
三九五	ローマ帝国が東西に分裂。
四〇一	西ゴート王アラリックのイタリア侵入。
四〇二	西ローマ帝国、ラヴェンナに遷都。
四一〇	アラリックのローマ劫掠。
四五〇	ガラ・プラキディア没。
四五一	カタラウヌムの戦いで、西ローマ帝国と西ゴート帝国の連合軍がフン族と戦う。
四五二	フン族の侵攻を逃れた北イタリアの住民の一部が干潟に移住（ヴェネツィアの建設）。
四五五	ヴァンダル軍によるローマ劫掠。
四七六	ゲルマン人オドアケルによる西ローマ皇帝の廃止（西ローマ帝国の滅亡）。
四八八	東ゴート族の西征開始。
四九三	東ゴート王国成立（テオドリクス王、首都ラヴェンナ）。オドアケルの処刑。
五二七	ビザンツ（東ローマ）皇帝ユスティニアヌス即位。
五二九	モンテ・カッシーノ修道院（ベネディクトゥス修道会）創設。
五三三	ユスティニアヌス帝の西征（ビザンツ帝国によるイタリア半島および西地中海地域の再征服開始）。

五四六	東ゴート軍によるローマ劫掠。
五四七	ユスティニアヌス帝、ラヴェンナに聖ヴィターレ聖堂建立。聖ベネディクトゥス没。
五五三	東ゴート王国滅亡、ビザンツ帝国領となる。
五六五	ユスティニアヌス帝没。
五六八	北イタリアにランゴバルド王国成立。
五七二	ランゴバルド王国、首都をパヴィーアに建設。
五九〇	教皇グレゴリウス一世襲位。
五九九	教皇グレゴリウス一世とランゴバルド王アギルルフの講和。
六〇四	教皇グレゴリウス一世没。
六二二	ムハンマドと仲間たちがメディナに移住し、イスラム教の成立。
六三三	イスラム大征服開始。
六四一	エジプト全土がイスラム支配下に入る。
六六七	イスラム勢力のシチリア初上陸。
六八〇	コンスタンティノープル公会議により、ローマ教皇とビザンツ皇帝が和解。
六九七	ヴェネツィア共和国初代総督選出。
六九八	イスラム軍によるカルタゴ占領。
七三二	トゥール・ポアティエ間の戦い（フランク族がイスラム軍を撃退）。
七五一	ランゴバルド族、ビザンツ帝国領ラヴェンナを劫掠。
七五六	フランク王ピピンがランゴバルド族を討ち、ラヴェンナ周辺地域を教皇に寄進（ローマ教皇領の始まり）。

七七四	フランク王カール一世がランゴバルド王国を滅ぼす。
八〇〇	カール一世（カール大帝・シャルルマーニュ）、教皇レオ三世より西ローマ皇帝の帝冠を授かる。
八一四	カール大帝没。
八三一	イスラム勢力、シチリア島ほぼ全域を制圧。
八三二	ヴェネツィアのサン・マルコ大聖堂完成（現存のものは一〇六三～九四建設）。
八四一	イスラム勢力、南イタリアのバーリを占領。
八四三	ヴェルダン条約でフランク王国が三分され、カール大帝の孫ロタール一世がイタリア王となる。
八五五	イタリア王ロタール一世没。その子ロドヴィーコ（ルイージあるいはルイとも）がイタリア王位を継ぐ。
八七五	イタリア王ロドヴィーコ没。
八七九	ロタール一世の甥カール三世がイタリア王となる。
八八七	イタリア王カール三世廃位。これによりイタリアにおけるカロリング朝が断絶。有力諸侯による抗争の中でフリウリ侯ベレンガリオがイタリア王位を得る。
八九六	東フランク王アルヌルフが教皇フォルモススにより皇帝戴冠。
八九七	教皇フォルモススの死骸裁判。カトリック教会が混乱期に入る。
八九九	マジャール人がイタリアに侵攻。
九二四	イタリア王ベレンガリオ没。マジャール人が首都パヴィーアを劫掠。
九二六	プロヴァンスのウーゴ（ユーグ）がイタリア王となる。

九三一	教皇ヨハネス十一世（マローツィアの長男）襲位。
九三二	イタリア王ウーゴとマローツィアの結婚。アルベリコ（マローツィアの次男）によるローマ共和制樹立。
九三六	教皇ヨハネス十一世没。
九五〇	イヴレア侯ベレンガリオ二世がイタリア王となる。
九五一	ドイツ王オットー一世の第一次イタリア遠征。
九五五	教皇ヨハネス十二世（マローツィアの孫）襲位。
九六一	ドイツ王オットー一世の第二次イタリア遠征。
九六二	オットー一世（大帝）、教皇ヨハネス十二世より神聖ローマ皇帝の帝冠を授かる（神聖ローマ帝国の成立、イタリア王国の消滅）。
九六四	教皇ヨハネス十二世没。
九九二	ヴェネツィア商人、ビザンツ皇帝バシレイオス二世の勅書により、コンスタンティノープルにおける自由交易権を得る。
九九七	皇帝オットー三世のイタリア遠征。
一〇〇二	イヴレア侯アルドゥイーノがイタリア王となる。
一〇〇四	ドイツ王ハインリヒ二世の第一次イタリア遠征。
一〇一四	ハインリヒ二世が第二次イタリア遠征でアルドゥイーノを破り、皇帝戴冠。
一〇二六	コンラート二世のイタリア遠征。
一〇二七	コンラート二世がローマで皇帝戴冠。
一〇四三	ノルマンのアルタヴィラ（オートヴィル）一族が南イタリアに侵攻する。

一〇五四	キリスト教会の東西分裂(西方ローマ・カトリック教会と東方ギリシア正教会)。
一〇五五	皇帝ハインリヒ三世のイタリア遠征。
一〇五九	教皇ニコラウス二世襲位(枢機卿会議による教皇選挙の始まり)。アルタヴィラ家のルッジェーロ・グイスカルド(ロベール・ギスカール)が教皇ニコラウス二世からプリア＝カラブリアの領有を認められる。
一〇六〇	ルッジェーロ・グイスカルドがノルマン人を率いてシチリアに侵攻を開始。
一〇六三	ピサ大聖堂着工。
一〇七一	セルジュク・トルコがエルサレムを占領。
一〇七三	教皇グレゴリウス七世襲位。
一〇七五	教皇グレゴリウス七世が俗人による聖職叙任禁止の布告を発し、皇帝と教皇の間に「叙任権闘争」が始まる。
一〇七六	教皇グレゴリウス七世が皇帝ハインリヒ四世を破門する。
一〇七七	カノッサの屈辱事件(皇帝ハインリヒ四世が教皇グレゴリウス七世に謝罪し、破門を解除される)。
一〇八一	皇帝ハインリヒ四世がイタリアに侵攻、教皇グレゴリウス七世は聖天使城に避難。この頃、ピサでコンソリ(都市行政長官)に関する最初の記録(コムーネ体制の始まり)。
一〇八二	ヴェネツィア商人、ビザンツ帝国ほぼ全土における自由交易権を得る。
一〇八五	教皇グレゴリウス七世没。
一〇八八	ボローニャ大学創立。
一〇九二	ルッジェーロ・グイスカルドがシチリア全島をイスラム勢力から奪回。

一〇九三	皇帝ハインリヒ四世の長子コンラートがモンツァでイタリア王戴冠。
一〇九五	クレルモン公会議で教皇ウルバヌス二世が聖地奪回の十字軍遠征を説く。
一〇九六	第一次十字軍（〜九九）。
一〇九七	ミラノでコンソリに関する最初の記録。
一一〇六	皇帝ハインリヒ四世没。
一一〇八	この頃、スコラ神学者アベラール、パリで神学と哲学を教え始める。
一一一五	カノッサ女伯マティルデ没。
一一二二	ウォルムスの協約成り、叙任権闘争終結。
一一三〇	シチリア伯ルッジェーロ二世がシチリア王となる（ノルマン朝シチリア王国の成立）。
一一三九	プリアとカラブリアがシチリア王国に併合される。
一一四〇	シチリア王ルッジェーロ二世のナポリ入城（南イタリアとシチリア島を含む両シチリア王国の成立）。
一一四二	アベラール没。
一一四七	第二次十字軍（〜四九）。
一一五二	皇帝フリードリヒ一世即位。
一一五四	皇帝フリードリヒ一世、イタリアに遠征して教皇ハドリアヌス四世より戴冠。
一一五五	異端者アルナルド・ダ・ブレッシャの処刑。
一一五八	皇帝フリードリヒ一世の第二次イタリア遠征。
一一六二	皇帝フリードリヒ一世が北イタリアの自治都市を攻め、ミラノを徹底的に破壊する。
一一六七	ロンバルディーア同盟（北イタリア自治都市連合と教皇庁による反皇帝同盟）成立。

一一七四　皇帝フリードリヒ一世の第五次イタリア遠征。
一一七六　レニャーノの戦いでロンバルディーア同盟軍が皇帝軍を破る。
一一八三　コンスタンツの和（ロンバルディーア同盟と皇帝の和睦）。
一一八六　皇帝フリードリヒ一世の子ハインリヒ六世がシチリア王女（アルタヴィラ家）のコスタンツァと結婚。
一一八九　第三次十字軍（～九二）。
一一九〇　皇帝フリードリヒ一世没。
一一九四　皇帝ハインリヒ六世、シチリア王位を獲得（ホーエンシュタウフェン朝シチリア王国の始まり）。王子フリードリヒ（のちの皇帝フェデリーコ二世）誕生。
一一九八　教皇インノケンティウス三世襲位。
一二〇二　第四次十字軍（～〇四）。
一二〇九　この頃、フランチェスコ修道会成立（公認は一二一〇頃）。
一二一六　ドメニコ修道会成立。第五次十字軍（～二九）。教皇インノケンティウス三世没。
一二二〇　フェデリーコ（フリードリヒ）二世、神聖ローマ皇帝に即位。
一二二二　パドヴァ大学創立。
一二二六　北イタリアの教皇派都市が第二次ロンバルディーア同盟を結び、皇帝フェデリーコ二世に対抗。この頃から、イタリアにおいて教皇派（グェルフィ）と皇帝派（ギベッリーニ）の対立が激しくなる。
一二二七　教皇グレゴリウス九世、皇帝フェデリーコ二世に破門宣告。
一二二九　皇帝フェデリーコ二世、エルサレムを無血奪回。

一二三一	皇帝フェデリーコ二世、メルフィで新法典を公布する。
一二四八	第六次十字軍（～五二）。
一二五〇	皇帝フェデリーコ二世没。
一二五三	フィレンツェでフィオリーノ金貨発行。
一二五九	この頃、ハンザ同盟成立。
一二六五	ダンテ・アリギエーリ誕生。
一二六六	ベネヴェントの戦いで皇帝フェデリーコ二世の庶子マンフレディの軍を仏王弟シャルル・ダンジューが破る。
一二六八	タリアコッツォの戦いで皇帝フェデリーコ二世の孫コンラディンが敗れ、ホーエンシュタウフェン朝が滅亡。南イタリアにおけるアンジュー家の支配が始まる。
一二七一	マルコ・ポーロの東方旅行（～九五）。
一二七二	聖トーマス・アクィナス『神学大全』を著す。
一二七四	聖トーマス・アクィナス没。
一二八二	シチリアの晩鐘事件。両シチリア王国がナポリ王国（アンジュー家）とシチリア王国（アラゴン家）に分裂。
一二八四	ヴェネツィアでドゥカート金貨発行。
一二九三	フィレンツェで「正義の規定」が制定され、平民による支配体制確立。
一二九四	教皇ボニファティウス八世襲位。
一三〇〇	教皇ボニファティウス八世が初の聖年祭を布告する。
一三〇二	フィレンツェで黒派が白派を圧倒し、ダンテ亡命。

一三〇三	アナーニ事件（教皇権威の失墜）。教皇ボニファティウス八世没。
一三〇四	フランチェスコ・ペトラルカ誕生。
一三〇七	この頃、ダンテ『神曲』の執筆開始。
一三〇九	教皇座がローマからアヴィニョンに移される。
一三一〇	皇帝ハインリヒ七世のイタリア遠征（〜一三）。
一三一一	ミラノでヴィスコンティ家の支配確立。
一三一二	皇帝ハインリヒ七世、ローマで戴冠。この頃、ジェノヴァの航海者マルチェッロがカナリア諸島に到達。
一三一三	皇帝ハインリヒ七世没。ジョヴァンニ・ボッカチオ誕生。
一三二一	ダンテ・アリギエーリ没。
一三三七	英仏百年戦争勃発。
一三四二	フィレンツェのバルディやペルッツィなどの大商社が次々に破産（〜四六）。
一三四八	ヨーロッパ全域にペストの惨禍が広がる（〜五一）。ボッカチオが『デカメロン』の執筆開始。
一三七四	フランチェスコ・ペトラルカ没。
一三七五	ジョヴァンニ・ボッカチオ没。フィレンツェ共和国と教皇庁の間に「八聖者戦争」勃発。
一三七七	教皇グレゴリウス十一世が教皇座をローマに戻す。
一三七八	アヴィニョンにも対立教皇が立ち、教会の大分裂起こる。
一三八六	ミラノ大聖堂着工。
一三九〇	この頃からフィレンツェとミラノの対立が深まる。

一三九三	メディチ銀行の開業。
一三九五	ジャンガレアッツォ・ヴィスコンティがミラノ公位を受ける。
一四一三	メディチ銀行が教皇庁の両替業務を独占する。
一四一七	教会の大分裂が終わる。
一四二〇	ポルトガル人、マディラ諸島到達。
一四三四	コジモ・デ・メディチ、フィレンツェの実権を掌握。ブルネレスキ設計によるフィレンツェ大聖堂円蓋が完成。
一四三九	フィレンツェで東西両教会の合同協議が行われる。
一四四〇	コジモ・デ・メディチ、プラトン・アカデミーを創設。アンギアーリの戦いでフィレンツェ軍がミラノ軍を破る。
一四四二	南イタリアにアラゴン家の支配確立。
一四四五	ポルトガルのエンリーケ航海王子によるヴェルデ岬探検。
一四四七	ミラノでヴィスコンティ家が断絶、市民によるアンブロジアーナ共和国樹立。
一四四九	ロレンツォ・デ・メディチ誕生。
一四五〇	スフォルツァ家がアンブロジアーナ共和国を倒し、ミラノ公となる。この頃、グーテンベルクが活版印刷術を開発。
一四五一	この頃、クリストフォロ・コロンボ誕生。
一四五二	レオナルド・ダ・ヴィンチ誕生。
一四五三	百年戦争終結。オスマン・トルコがコンスタンティノープルを占領し、ビザンツ（東ローマ）帝国滅亡。

一四五四	ローディの和により、イタリア半島における勢力均衡が確立し、平和の時代が訪れる。
一四六九	ロレンツォ・デ・メディチがメディチ家の当主となる。
一四七一	教皇シクストゥス四世襲位(～八四)。
一四七四	トスカネッリ、地球球体説にもとづいて世界地図作成。ミケランジェロ誕生。
一四七八	パッツィ家陰謀事件。
一四七九	カスティーリャとアラゴンの合併によりスペイン王国成立。
一四八一	ドメニコ会修道士ジロラモ・サヴォナローラがフィレンツェのサン・マルコ修道院に赴任する。
一四八八	バルトロメウ・ディアス、喜望峰到達。
一四九一	サヴォナローラがフィレンツェのサン・マルコ修道院長に就任。
一四九二	グラナダ陥落し、イベリア半島のレコンキスタが完了。ロレンツォ・デ・メディチ没。クリストフォロ・コロンボ、西インド諸島に到達。
一四九四	仏王シャルル八世のイタリア侵攻。フィレンツェでメディチ家が追放され、サヴォナローラの下で共和政開始。
一四九五	シャルル八世、ナポリ王国を征服した後、イタリア諸国の反撃にあってフランスへ撤退。
一四九七	レオナルド・ダ・ヴィンチが『最後の晩餐』を描く。
一四九八	サヴォナローラの火刑。バスコ・ダ・ガマ、インドのカリカット到達。
一四九九	仏王ルイ十二世がミラノに侵攻。
一五〇〇	ポルトガル人カブラル、ブラジルに到達。
一五〇一	フィレンツェ人アメリゴ・ヴェスプッチの南米踏査。

一五〇四	ナポリ王国およびシチリア王国がスペインの直轄領となる（〜一七一三）。ミケランジェロ『ダビデ』像完成。
一五〇六	クリストフォロ・コロンボ没。ブラマンテ設計によるローマのサン・ピエトロ大聖堂改築工事が着工される。
一五〇九	英王ヘンリー八世即位。
一五一二	メディチ家がフィレンツェに復辟する。
一五一三	ジョヴァンニ・デ・メディチ枢機卿が教皇に選ばれレオ十世となる。ニッコロ・マキァヴェッリ、『君主論』を著す。
一五一七	マルティン・ルター、「九十五カ条の命題」発表（宗教改革の始まり）。オスマン・トルコがエジプトを占領しマムルーク朝を滅ぼす。
一五一九	皇帝カール五世即位。レオナルド・ダ・ヴィンチ、フランスで没。マゼラン隊が世界周航に出発。
一五二一	教皇レオ十世没、ハドリアヌス六世が継ぐ。皇帝カール五世と仏王フランソワ一世の間に「イタリア戦役」始まる。
一五二三	教皇ハドリアヌス六世没、ジュリオ・デ・メディチ枢機卿が教皇に選ばれ、クレメンス七世となる。
一五二六	オスマン・トルコ軍がオーストリアに侵入（〜三二）。
一五二七	皇帝軍がローマを劫掠し、教皇クレメンス七世を聖天使城に包囲。フィレンツェで市民蜂起、メディチ家を追放し、民主共和政を回復する。
一五二九	皇帝カール五世と仏王フランソワ一世の間にカンブレーの和が結ばれる。オスマン・トルコ

	軍の第一次ウィーン包囲。
一五三〇	フィレンツェにメディチ家が復帰。皇帝カール五世がマルタ島を聖ヨハネ騎士団に与える。
一五三二	アレッサンドロ・デ・メディチ、フィレンツェ公爵位を得る。
一五三三	カテリーナ・デ・メディチ（カトリーヌ・ド・メディシス）、仏王フランソア一世の王子アンリ（のちのアンリ二世）と結婚。
一五三四	教皇クレメンス七世没、パウルス三世が継ぐ。イエズス会成立（公認は一五四〇）。英王ヘンリー八世が首長令を発布（英国国教会の成立）。
一五三五	ミラノがスペイン・ハプスブルク家の統治下におかれる。
一五三六	ジャン・カルヴァン、『キリスト教綱要』を著す。
一五四一	ジャン・カルヴァンがジュネーヴで神政政治を行う（〜六四）。
一五四三	ニコラウス・コペルニクスが『天体の回転について』を著す。
一五四四	皇帝カール五世と仏王フランソア一世の間で「イタリア戦役」が再開される。
一五四五	トレント公会議（反宗教改革の本格化、〜六三）。
一五四六	マルティン・ルター没。
一五四七	仏王フランソア一世没。英王ヘンリー八世没。
一五五六	皇帝カール五世退位。皇帝位は弟フェルディナント一世、スペイン王位は嫡子フェリーペ二世が継ぐ。
一五五八	英女王エリザベス一世即位。
一五五九	カトリック教会による禁書目録の制定。フランス・スペイン間にカトー・カンブレシスの和が結ばれ、イタリア半島における戦乱終結。

一五六四	ガリレオ・ガリレイ誕生。ミケランジェロ没。ジャン・カルヴァン没。
一五六五	オスマン・トルコによるマルタ島襲撃を聖ヨハネ（マルタ）騎士団が退ける。
一五六九	フィレンツェ公国がトスカーナ大公国となる。
一五七一	レパントの海戦でキリスト教国連合艦隊がトルコ海軍を破る。ヴェネツィア共和国、キプロス島をオスマン・トルコに奪われる。
一五七二	仏王太后カトリーヌ・ド・メディシスが新教徒を弾圧するため、サン・バルテルミーの大虐殺を行う。
一五七三	この頃、カラヴァッジョ誕生。
一五八一	オランダがスペインからの独立を宣言する。
一五八二	グレゴリウス暦の制定。
一五八三	ガリレオ・ガリレイ、振り子の等時性発見。
一五八四	日本の天正遣欧使節、スペイン王フェリーペ二世に謁見。
一五八五	日本の天正遣欧使節、イタリアを訪れ、トスカーナ大公と教皇グレゴリウス十三世に謁見。
一五八八	スペインの無敵艦隊、英国海軍に敗北。
一五九五	この頃、ウィリアム・シェイクスピアが戯曲『ロミオとジュリエット』を創作。
一五九八	ジャン・ロレンツォ・ベルニーニ誕生。スペイン王フェリーペ二世没、フェリーペ三世が継ぐ。
一五九九	カラヴァッジョ、「マタイ伝」連作の制作（〜一六〇二）。
一六〇〇	ジョルダーノ・ブルーノ火刑。マリア・デ・メディチ（マリー・ド・メディシス）、仏王アンリ四世と結婚。英国東インド会社設立。
一六〇三	英女王エリザベス一世没。

一六一〇	カラヴァッジョ没。
一六一六	宗教裁判所、地動説を異端と判決。
一六一八	三十年戦争勃発。
一六二〇	ピルグリム・ファーザーズがニューイングランドに到着する。
一六三〇	ガリレオ・ガリレイ、『天文対話』刊行。
一六四二	ガリレオ・ガリレイ没。イタリア人ジュリオ・マッザリーニ（ジュール・マザラン）、フランスの宰相となる（〜六一）。英国ピューリタン革命開始（〜四九）。
一六四三	仏王ルイ十四世即位。
一六四八	ウェストファリアの講和が成立し、三十年戦争終わる。
一六五六	ジャン・ロレンツォ・ベルニーニによるサン・ピエトロ広場着工（〜六七）。
一六六〇	英国王政復古。
一六六九	ヴェネツィア共和国、クレタ島をオスマン・トルコに奪われる。
一六七五	ヴィットリオ・アメデーオ二世、サヴォイア公に即位。
一六八〇	ジャン・ロレンツォ・ベルニーニ没。
一六八三	オスマン・トルコの第二次ウィーン包囲。
一六八四	ヴェネツィア共和国、オーストリアと共にトルコと戦う。
一六八八	英国名誉革命。
一六九九	カルロヴィッツの和議。ヴェネツィア共和国、キプロス、クレタ両島を完全放棄。

藤沢道郎（ふじさわ・みちお）

1933年（昭和8年），京都に生まれる．
1957年，京都大学文学部卒業，同大学大学院文学研究科言語学専攻博士課程修了．桃山学院大学名誉教授．イタリア史，イタリア文学専攻．『マキァヴェッリ全集』（共編訳，筑摩書房，1999～2002）により，第10回ピーコ・デッラ・ミランドラ翻訳賞受賞．2001年9月，逝去．

著訳書『ファシズムの誕生』（中央公論社，1987年）
『物語 イタリアの歴史』（中公新書，1991年）
『メディチ家はなぜ栄えたか』（講談社選書メチエ，2001年）
フィオーリ『グラムシの生涯』（平凡社，1972年）
モンタネッリ『ローマの歴史』（中央公論社，1979年）
他

物語《ものがたり》 イタリアの歴史《れきし》 II
中公新書 *1771*

2004年11月25日初版
2013年4月25日3版

著　者　藤沢道郎
発行者　小林敬和

本文印刷　三晃印刷
カバー印刷　大熊整美堂
製　　本　小泉製本

発行所　中央公論新社
〒104-8320
東京都中央区京橋 2-8-7
電話　販売 03-3563-1431
　　　編集 03-3563-3668
URL http://www.chuko.co.jp/

Published by CHUOKORON-SHINSHA, INC.
Printed in Japan　ISBN4-12-101771-4 C1222